영단어는 어원이다

기본편

이문필

오클라호마(Oklahoma) 주립대 대학원을 졸업하였고, 주한미군 한국어 초빙강사, 한국외국어학원 강사를 역임하였다. 현재 Guess어학연구소 소장이다. 저서로는 『회화로 배우는 영작문』, 『별것 아닌 영어 쉽게 끝내려면』, 『편입영어 스피드 완성』, 『어디서나 통하는 여행영어』, 『Good Morning 표현 영어』, 『태평양에서 막 건져낸 영어회화』, 『태평양에서 막 건져낸 영문법』, 『영문법 출제공식 307』, 『미국식 구어 영어회화 5000』, 『10년해도 안되는 영어회화 첫걸음』, 『무조건 하면된다 아줌마 영어회화 첫걸음』, 『프리토킹에 자신감을 주는 토론 영어』, 『오바마 베스트 연설문』, 『스피킹에 강해지는 프리토킹 영어』 외 다수가 있다.

영단어는 어원이다 (기본편)

초판 1쇄 인쇄 2019년 8월 19일
초판 1쇄 발행 2019년 8월 26일

편저 이문필
펴낸이 고정호
펴낸곳 베이직북스

주소 서울시 마포구 양화로 156,1508호(동교동 LG팰리스)
전화 02) 2678-0455
팩스 02) 2678-0454
이메일 basicbooks1@hanmail.net
홈페이지 www.basicbooks.co.kr

출판등록 제 2007-000241호
I S B N 979-11-6340-028-8 13740

영단어는 어원이다

기본편

이문필 편저

베이직북스

프롤로그

이제껏 우리는 새로운 영어학습법 관련 교재가 출간되면 귀를 쫑긋 세우며 뭔가 있겠지(?) 반신반의하는 마음으로 기대감을 가졌던게 사실이지만 현실은 역시나였던 경험이 있을겁니다.

아무리 좋은 학습법이라도 서로 실력 수준이 천차만별이고, 학습 방법이 저마다 다를 뿐더러 각자 처해진 환경이 서로 다르기 때문에 천편일률적으로 적용하는 것에는 한계가 있기 마련입니다.

특히 영어 공부는 오랜 기간을 투자하였음에도 불구하고 흡족한 결과나 효율적인 학습법도 찾지 못한 채 언제나 처럼 겉돌기만 하였을 것입니다.

이는 다른 사람의 학습법을 제대로 이해하지 못한 체 흉내만 냈거나 제대로 실행을 하지 않았기 때문일 것입니다. 체계적이거나 계획적인 프로그램에 의한 방법은 아니더라도 자신이 추구하는 공부법을 일정기간에 걸쳐 실행할 때 비로소 가시적인 효과가 나타나기 때문입니다.

영어 학습에 있어서 영단어의 중요성은 아무리 강조해도 지나치지 않을 것 입니다. 그러나 무작정 영단어를 외우는 것처럼 비효율적인 일은 없을 것입니다. 영어의 언어적인 특성을 제대로 파악한 다음, 언어의 4기능인 듣기, 말하기, 읽기, 쓰기가 서로 연계될 수 있는 영어 공부가 이루어져야만 합니다.

단편적인 의미 위주의 무조건적인 암기는 효율적인 영어 학습에 도움을 주는 것이 아니라 오히려 영어 학습에 대한 거부감과 영어를 포기하는 '영포자'만 양산하는 결과를 낳게 될 것입니다.

더구나 요즘 세대는 사전을 찾는 번거로움 대신에 거의 눈으로 영어 공부를 한다고 합니다. 심지어 영어는 발음에 대한 자신감을 얻지 못하면 영단어 암기에도 한계를 드러내게 될뿐더러 아무리 많은 영단어를 외운다고 할지라도 무용지물이나 마찬가지입니다. 왜냐하면 자신이 입으로 말할 수 있어야 귀로 들을 수 있는 청취력이 생겨나기 때문이다.

진정한 영어 실력은 자신의 생각 (의사)을 말이나 글로 표현할 수 있는 능력을 갖추는데 있습니다.

영단어 학습의 지름길과 가장 효과적인 학습법은 누가 뭐래도 어원을 통한 연상 암기법인데 이는 어원을 통하여 영단어를 암기하다보면 어느 순간부터 추론(유추) 능력이 길러져 영어적인 사고력이 저절로 향상될 것이며, 또한 어원을 통한 영단어 학습법은 암기력을 10배로 늘려주는 동시에 어휘력 확장이나 어법 강화에 큰 도움을 주게 될 것입니다.

어원 위주의 영어 공부는 영어의 본질을 꿰뚫는 학습법으로써 한번만 익혀두면 연계 학습효과와 점진적 실력 향상에 의해 영어실력이 학습시간에 비례하여 기하급수적으로 향상될 수 있기 때문에 영어를 공부하는 즐거움에 빠져들게 될 것입니다.

『영단어는 어원이다』 기초편, 기본편, 실력편에서 다루어진 어근 총 580개를 익히고 나면 8000~12,000단어 이상의 어휘력 확장이 이루어져 어느새 원어민 수준의 어휘 수준을 갖추게 될 것입니다. 더구나 영단어의 의미적 관념이 확실하게 축적되는 순간, 어느 누구에게도 뒤지지 않는 영어 실력을 갖추게 되리라 확신해 봅니다.

아무쪼록 여러분의 영단어학습에 건승을 기원합니다.

2019년 08월

편저자

Contents

Chapter 3. 한자를 연상하여 유추하는 영단어

Chapter 4. 단어를 연상해서 유추하는 영단어

Chapter 5. 동사적 의미를 가진 어근으로 유추하는 영단어(1)

Chapter 6. 동사적 의미를 가진 어근으로 유추하는 영단어(2)

『영단어는 어원이다』를
가장 효과적으로 암기하는 방법

어원으로 영단어를 외우는 방법은 매우 중요한 영단어 학습 테크닉으로, 다른 학습법과 차별화되는 가장 두드러진 장점으로 다음 두 가지에 있습니다.

1. 같은 어원을 가진 단어를 연관해서 체계적으로 공부할 수 있다.
2. 기존의 단어 지식을 바탕으로 처음 보는 단어의 의미도 유추할 수 있다.

하지만 어원에 의한 영단어 학습법을 활용한 적이 있는 학습자는 별로 없는 게 현실입니다.
굉장히 효율적이고 유익한 테크닉이라는 말을 들으면서도 어원에 의한 영어학습법이 널리 확산되지 않은 이유는 무엇일까요?
그건 '어원으로 단어 외우기'를 하려면 구체적으로 뭘 해야 할지에 대한 명확한 가이드라인이 없었기 때문입니다. 최근에는 어원으로 외우기를 테마로 한 도서가 늘었지만, 단어가 어원별로 나눠져 있을 뿐, 무엇을, 어떻게, 어떤 순서로 공부하면 되는지를 설명한 책은 여전히 없습니다.
따라서 이러한 가이드라인을 제시하고 있는 본서는 어원 영단어 학습법의 확산에도 기여할 것으로 생각합니다.

이번에는 필자가 고안한 이 책의 효과적인 사용법을 소개하고 하려고 합니다. 가장 효율적인 학습법이란 어디까지나 필자가 생각한 모델이므로 학습자 개인의 성격이나 학습의 목적에 따라 달라질 수 있고 또 얼마든지 응용할 수도 있을 것입니다.
이하, 소개하는 학습법은《영단어는 어원이다》의 모든 도서에 공통으로 사용할 수 있습니다.

● 이 책의 활용 및 사용법

1. 자기가 흥미롭다고 생각되는 페이지부터 시작

이 책은 첫 페이지부터 시작해도 되고, 중간부터 시작해도 지장이 없는 구성입니다. 책장을 넘겨보다가 재미있을 것 같은 페이지가 있으면 그 페이지부터 시작해도 됩니다. 여기서는 이 책의 130페이지 〈98. vey, vy, view 보(다)〉를 예를 들어보겠습니다.

2. 소개된 어원과 의미

공부할 페이지를 정했으면 페이지 첫머리에 있는 어원과 그 의미를 봅니다.

130페이지 첫머리에는

98. vey, vy, view (보다)

라고 쓰여 있습니다. 이는 영단어 속에 view라는 부분이 있으면, 그건 '보다'라는 의미라는 것을 나타냅니다. 표제어에는 view와 같이 vey, vy라는 어근도 있지만 vey, vy는 둘 다 view의 변형으로 여기서는 view를 대표로 소개합니다.

영단어의 어근에 관한 지식은 관련된 단어를 체계적으로 공부하거나, 처음 보는 단어를 논리적으로 추측할 때 매우 유용하므로 'view = 보다'라는 공식을 확실히 외워둡니다.

그렇다고는 해도 'view = 보다'를 그대로 암기하는 건 좀 어려울지도 모릅니다. 그렇다고 걱정할 필요는 없습니다. 기존의 영단어집과는 달리, 이 책에서는 'view = 보다'를 논리적, 직감적으로 외울 수 있도록 다양한 방법을 구사하고 있기 때문이다.

3. 키포인트가 되는 문장을 보고 어원의 의미를 암기

다양한 방법 중 하나가 어원 밑에 있는 짧은 문장입니다. 〈98. vey, vy, view (보다)〉의 제목 밑으로 눈을 옮기면,

> 마운트 뷰 호텔은 산이 보이는 호텔.
> 인터뷰(interview)는 안에 들어가 상대를 보는 것을 말한다.

이런 식으로 쓰여 있습니다.

마운트 뷰 호텔(Mount View Hotel)은 '산이 보이는 호텔'이란 걸 생각하면, view라는 어근에 '보

다'라는 의미가 있다는 것을 무작정 외우는 것보다 어원을 활용하면 과학적으로 외울 수 있을 것입니다.

이 책에 실린 200개의 접사, 어근의 의미를 외우는 건 제법 어려운 과정일 수도 있으나, 우리말화된 영어표현이나, 뉘앙스를 가장 잘 느낄 수 있도록 특화된 예문을 보면서 가능한 한 쉽게, 즐기면서 공부할 수 있도록 했습니다.

4. 학습한 어원이 포함된 단어의 실례를 확인

view라는 어원에 '보다'라는 의미가 있다는 게 이해됐다면, 다음은 이 어근이 들어 있는 단어에는 어떤 것들이 있는지 찾아봅니다. 130페이지에는 이하 4가지 단어가 view를 포함한 단어의 예로 소개되고 있습니다. 물론 view의 변형인 vey, vy도 포함되어 있습니다.

> · re**view**
> · pre**view**
> · en**vy**
> · sur**vey**

위의 4가지 단어 중 만약 이미 알고 있는 단어가 있다면, 이 단어가 '보다'라는 요소와 어떻게 관련되어 있는지 유추해 보시기 바랍니다.

5. 예문을 보고 단어의 의미를 추론

네 단어를 죽 훑어본 다음, 하나씩 천천히 공부합니다. 먼저 단어의 의미를 추측해 봅니다. 자세한 이유는 17페이지에 있는 '이 책을 활용하는 체크 포인트'에서 안내하겠지만, 해석으로 영단어의 의미를 확인하기 전에 예문이나 어원 등의 힌트에서 그 단어의 의미를 추측하는 게, 얼핏 보기에 먼길을 돌아가는 듯해도, 사실 가장 효율적인 단어 학습법이기 때문입니다.

시험 삼아 review에 대한 예문에서 그 의미를 추측해 볼까요. review가 포함된 예문은 다음과 같습니다.

> The committee is reviewing the current situation.

이 예문의 의미를 생각해보면,

> 위원회는 현재 상황을 review하고 있다.

가 됩니다. 위의 문맥과 view에 '보다'라는 의미가 있다는 것을 생각해보면 review은 어떤 의미의 단어라고 추측할 수 있을까요? "그 위원회는 현재 상황을 「주목하고」 있다."가 될까요?, 아니면 "그 위원회는 현재 상황을 「재고하고」 있다."가 될까요?

더 읽어나가다 보면 그 수수께끼가 풀릴 것입니다.

6. 어원에서 단어의 의미를 유추

이 책에 실린 단어에는 모두 어원으로 분해하면 어떤 의미가 되는지 쓰여 있습니다. review라는 단어의 새로운 힌트가 이 어원 해설에 숨겨져 있습니다. 시선을 review의 어원 해설로 돌리면,

> re「다시」 + view「보다」

라고 쓰여 있습니다. review라는 단어는 re「다시」라는 접두사와 view「보다」라는 어근으로 분해할 수 있음을 알 수 있습니다. re는 「다시」라는 뜻으로, view에는 「보다」라는 의미가 있다고 하면 그 두 개를 더한 review라는 단어는 '다시 보다'라는 것을 표현하는 것이라고 상상할 수 있습니다.

조금 전에 나온 "The committee is reviewing the current situation."예문과 원래 의미가 '다시 보다'라는 것을 생각하면 review가 어떤 의미로 느껴지나요? '재고하다', '재검토하다' 등의 의미가 될 수 있지 않을까요?

7. 예문이나 어원을 참고로 자신만의 유추능력을 재확인

예문이나 어원에서 단어 의미를 추측한 다음, 나머지 부분을 읽어가면서 자기 예측을 확인해 보세요. 해석을 보니,

> **어원** re「다시」 + view「보다」
> **통** 재조사하다, 복습하다, (서적의) 비평을 하다
> **명** 재조사, 복습, 비평

라고 쓰여 있습니다. review라는 단어에는 「재조사(하다), 복습(하다), 서적의 비평(을 하다)」이라는 의미가 있는 것 같습니다. 생각해 보면, 재조사하려면 사실 관계를 '다시 봐둬야' 할 필요가 있고, 복습을 하려면 배운 것을 다시 봐야 할 필요가 있겠죠. 재조사, 복습이라는 정확한 단어를 잊어

버렸다고 해도, review는 「다시 보다」라는 큰 테두리의 뜻을 외워두면 나머지는 문맥에 따라 의미를 짚어갈 수 있을 것입니다.

예문 해석을 보면,

> [해석] 위원회는 현재 상황을 재조사하고 있다.

라고 되어 있고, 조금 전에 말한 「재검토하다」라는 예측이 거의 맞아 떨어졌다는 것을 확인할 수 있습니다.

단어에 따라서는 어원적 의미와 현대적 의미가 상당히 멀어진 것도 있어서, 매번 예측이 맞아 떨어지지 않을 수도 있습니다. 하지만 사전이 없는 상황에서 처음 보는 단어의 의미를 추측하는 연습을 겸해서 평상시에도 이런 훈련을 해둘 것을 권합니다.

위와 같은 요령으로 preview, envy, survey 세 단어도 학습을 해보면, view라는 어근을 가진 다른 단어를 찾아서 공부함으로써 'view = 보다'라는 지식이 더욱 탄탄해질 것입니다.

● 이 책을 활용하는 체크 포인트

이 책을 사용할 때 다음 두 가지 포인트에 주의하면, 학습효과를 10배로 확장할 수 있습니다.

1. 해석은 단어의 뜻을 추측한 다음에 확인

조금 전에 소개한 학습법에서는 review라는 단어를 봐도 당장 그 뜻을 확인하지 말라고 했습니다.
그 대신,

- review라는 단어를 포함한 예문을 보고 의미를 추측해 본다.
- review의 어원「(다시」 + 「보다」)에서 의미를 추측해 본다.

라는 두 단계의 추측 과정을 거친 다음에 해석을 확인해 보라고 했습니다.

확실히 review라는 단어를 본 다음에, 바로 해석을 확인하는 게 시간 절약이 될 것 같은 생각이 들겠지만 추측 과정을 거치지 않고 해석을 바로 보게 되면, 영단어와 한국어 해석을 표면적으로 연결하는 것만으로 끝나버릴 겁니다.

반대로 review라는 단어의 의미는 「다시 보다」인가? 아니면 「주목하다」인가? 라는 시행착오를 거쳐서 단어와 악전고투를 해보는 게 그 단어에 관한 기억이 인상에 남고 그만큼 기억이 오랫동안 지속된다고 합니다. 전문용어를 써서 말하면 「추측해서 겨우 찾아낸 의미(an inferred meaning)는, 주어진 의미(a given meaning)보다 기억에 정착하기 쉽다」고 합니다.

즉 한국어 해석을 금방 확인하면, 단기적으로는 시간 절약으로 보이지만, 그만큼 잊어버리는 속도도 빨라서 장기적으로는 시간 낭비가 많다는 것이겠죠. 그래서 이 책을 학습하는 독자는,

1) 영어 예문을 본다.
2) 영어 예문에서 단어의 뜻을 유추해 본다.
3) 단어의 어원 해설을 본다.
4) 어원 해설로 단어의 의미를 더 깊이 추측한다.
5) 한국어 해석과 예문 해석으로 단어의 의미를 확인한다.

라는 순서로 공부하길 바라며, 한국어 해석을 확인하기 전에, 예문이나 어원으로 그 뜻을 유추해보는 과정을 거쳤으면 합니다.

2. 줄줄이 연결하여 단어를 암기

앞에서 review라는 단어는 re「다시」 + view「보다」라는 어원으로 분해하여, 「재조사(하다), 복습 (하다), 비평(을 하다)」라는 의미가 된다는 것을 배웠습니다.

130페이지에 소개된 4개 단어 모두 어원과 의미를 정리하면 다음과 같습니다.

구 분	어원의 의미	의 미
review	re「다시」+view「보다」	재조사(하다), 복습(하다), (서적의) 비평(을 하다)
preview	pre「앞에」+view「보다」 → (미리 보는 것)	미리보기(하다), 사전 조사, 시사회, 예고편
envy	en「위에」+vy「보다」 → (상대를 위로 보다)	부러워하다, 질투하다
survey	sur「위로」+vey「보다」 → (위에서 보다)	죽 둘러보다, 조사하다, 대강 살피다

위의 표처럼 단어의 성립을 먼저 알고, 의미를 파악하면 「review = 재조사하다」, 「 preview = 미리 보다」, 「envy = 부러워하다」, 「survey = 조사하다」 등을 그냥 외울 때보다, 확실하게 기억에 정착될 것입니다. 또한 기억이 가물가물해졌다고 해도 어원만 기억하고 있으면 의미를 떠올릴 수 있는 단서가 됩니다.

하지만 각 영단어의 어원을 이해하려면 review의 re-에는 「다시」, preview의 pre-에는 「앞에」, envy의 en-에는 「위에」, survey의 sur-에는 「위에」라는 의미가 있음을 알아야 합니다.

view라는 어근의 의미는 「마운트 뷰 호텔은 산이 보이는 호텔」이라는 문장으로 외우면 되겠지만, re-, pre-, en-, sur-의 의미는 어떻게 외우면 될까요? 그 점에 대해서는 기초편과 이 책 기본편 의 해당하는 곳을 참조하길 바랍니다.

사실 130페이지에 등장하는 re-, pre-, sur-라는 접두사는 기초편 또는 이 책의 다른 페이지에 독립된 항목으로 실었습니다. 그러니 view라는 어근을 학습할 때, 다른 접두사나 어근에 대해 알고 싶다면, 기초편이나 이 책의 해당 페이지를 보면 됩니다.

기초편과 이 책을 종횡무진 왕래함으로써 survey의 sur-와, surface(sur 위에 + face 얼굴 → 표 면), surname(sur 위에 + name 이름 → 이름 위에 붙는 것 → 성씨), surmount(sur 위로 + mount 올라가다 → 위에까지 올라가다 → 극복하다)의 sur-가 사실은 같은 어원이란 것을 알게되는 뜻밖 의 발견도 있을 것입니다. 단어와 단어의 뜻밖의 연결고리를 발견하는 즐거움은, 단어와 한국어 해 석을 표면적으로 이어주는 무미건조한 영단어 학습법으로는 결코 맛볼 수 없는 어원 학습만의 묘 미입니다.

이처럼 view라는 어근을 학습하면서 view와 이어지는 접두사, 어근에 대해서도 함께 깊이 이해할 수 있게 됩니다. 이로써 어원에 대한 이해를 여러 각도로 할 수 있게 되며, 일단 익힌 단어의 의미를 오랫동안 기억할 수 있습니다.

● 이 책을 마스터한 다음에는 어떻게 하면 될까요?

전작 『영단어는 어원이다』(기초편)과 이 책 『영단어는 어원이다』(기본편)을 마스터 했다면 여러분은 영단어 학습의 중요 포인트인 접사·어근을 약 400개 공부한 게 됩니다. 「34개의 접사, 어근을 외우기만 하면 14,000개 이상의 영단어를 추측할 수 있는 열쇠를 얻을 수 있다」는 말을 생각하면, 400개의 접사·어근을 알고 있다는 것은 어원에 관해서는 거의 필요한 정보를 얻었다는 의미가 될 것입니다.

본 도서 시리즈 중 전작인 '기초편'과 이책 '기본편'의 약 400개의 어원과 약 1,600개의 영단어를 마스터한 사람은 영어신문이나 원서에 나오는 어려운 어휘라도 어원 지식을 활용해서 의미를 추측할 수 있게 됩니다. 읽어나가면서 접사나 어근으로 분석할 수 있을 것 같은 단어가 나오면, 이 책에서 배운 지식을 토대로 그 단어의 의미를 예측해 보세요. 그런 다음, 사전을 찾아 자기 예측이 맞았는지를 확인해 보시기 바랍니다.

읽기를 통해 어원의 지식으로 분석할 수 있는 새 단어를 발견하면, 그 단어를 기초편이나 이 책의 해당하는 페이지에 추가로 기입해 두면, 어려운 독해 교재도 어원 시리즈를 몇 번이고 왕복함으로써 「어원으로 외우는 영단어」의 레퍼토리를 점점 늘려갈 수 있을 것입니다.

이 도서 시리즈의 어원 지식은 약 3,300개의 영단어뿐만 아니라 몇 천, 몇 만이라는 영단어를 공부하는 토대가 될 것입니다. 여러분이 이 어원 시리즈의 지식을 마스터한 후에도 어원에 관한 의문이 생길 때마다, 이 책을 다시 찾아보면서 영단어 공부의 영원한 벗으로 활용해 준다면 필자로서 이보다 더한 즐거움이 없을 것입니다.

You
can
do
it!

접두사로 유추하는 영단어

01 ab- (떨어져서)

비정상적인(abnormal) 사람은 기준(norm)에서 멀리 떨어진 사람을 말한다. ab는 t나 c 앞에서 abs가 된다.

abstain
[əbstéin]

어원 abs「떨어져서」+ tain「유지하다」 ◑ (~에서 떨어진 곳에 있다)
⑧ 절제하다, 그만두다
abstention ⑲ 절제, 포기

He **abstained** from eating meat.
그는 고기 먹는 것을 절제했다.

abstract
[æbstrǽkt]

어원 abs「떨어져서」+ tract「끌다」 ◑ (~에서 잡아끌다)
⑱ 추상적인, 관념적인 ⑲ 추상(개념)
⑧ (개념 등을) 추상하다, 분리하다, 요약하다

"Beauty" and "peace" are **abstract** ideas.
미와 평화는 추상적인 개념이다.

abort
[əbɔ́ːrt]

어원 ab「떨어져서」+ or「시작되다」 ◑ (태어나지 않다)
⑧ 임신중절하다(시키다), 중단하다(시키다)
abortion ⑲ 임신중절, 유산, 실패

The doctor **aborted** the baby to save the mother' s life.
의사는 산모의 목숨을 구하기 위해 아기를 유산시켰다.

absolve
[əbzálv]

어원 ab「떨어져서」+ solve「풀다」 ◑ (~에서 해방되다)
⑧ 면제하다, 사면하다
absolution ⑲ 면죄, 방면

After praying for forgiveness, he was **absolved** of sin.
그는 용서를 구하고 죄를 사면 받았다.

★ abhor : hor「공포(스러운 마음 때문에 멀어지다)」 → 지독하게 싫어하다
★ aborigine : origin「시작」 → 원주민 ★ abrupt : rupt「(딱 붙어 있던 것이) 찢어지다」 → 갑작스러운

알리바이(alibi)는 범행시간에 다른 장소에 있었음을 증명하는 것. else(그 밖의)도 같은 어원에 속한다.

alias
[éiliəs]

어원 (다른 때에) ◐ (때에 따라서 이름을 바꾸다)
閉 별명은 명 별명

Harris, **alias** John, went to prison today.
일명 존으로 알려진 해리스가 오늘 수감됐다.

alienate
[éiljənèit]

어원 ali「다른」 + ate「~로 하다」 ◐ (다른 장소에 두다)
통 멀리하다, 소원하게 하다
alienation 명 소외, 고립

His comments **alienated** many soccer fans.
그의 발언은 많은 축구팬을 멀어지게 했다.

altruism
[ǽltruìzəm]

어원 alt「다른」 + ism「주의」 ◐ (타인을 중심에 두는 견해)
명 이타주의, 이타적 행위
altruistic 형 이타주의의

He is known for his **altruism**.
그는 이타주의적 행위로 잘 알려져 있다.

altercation
[ɔ́:ltərkéiʃən]

어원 alter「다른」 + ate「~로 하다」 + ion「명접」 ◐ (서로 말을 주고받는 것)
명 언쟁, 격론, 논쟁
altercate 통 언쟁하다

The **altercation** between the two men started inside the restaurant.
두 남자의 언쟁이 레스토랑 안에서 시작됐다.

★ alien : 외국인, 이질적인 ★ alter : 변경하다
★ alternate : 교대하다, 번갈아하다 ★ alternative : 양자택일의, 양자택일

03 ant(i)- (대항하다)

일본에서 프로야구 자이언츠 팀을 싫어하는 팬은 안티 자이언츠(anti-Giants)라고 지칭한다.

antibiotic
[æntibɑiátik]

어원 anti「대항하다」 + bio「생명」 + tic「형접」 ⊙ (생명에 반항하다)
형 항생물질의 명 항생물질
antibody 명 항체

I took an **antibiotic** for my ear injection.
나는 귀에 주사를 맞기 위해 항생제를 복용했다.

antidote
[æntədòut]

어원 anti「대항하다」 + dot「주다」 ⊙ (저항하기 위해 주는 것)
명 해독제, 해결책

The doctor prescribed an **antidote** for the poison the girl had swallowed.
의사는 소녀가 삼킨 독약의 해독제를 처방했다.

Antarctic
[æntá:rktik]

어원 Ant「대항하다」 + arctic「북극의」 ⊙ (북극과 반대의)
형 남극의 명 (the) 남극(대륙)

The ship left the port for the **Antarctic**.
그 배는 항구를 떠나 남극대륙으로 향했다.

antithesis
[æntəθíːsis]

어원 anti「저항하다」 + thesis「두다」 ⊙ (반대쪽에 두다)
명 대립, 정반대
thesis 명 학위논문, 명제

Good is the **antithesis** of evil.
선은 악의 정반대다.

04 ante–, anti– (앞의)

AM은 라틴어의 ante meridiem(정오의 앞)이라는 의미에서 왔고, PM은 post meridiem(정오의 뒤)이라는 의미에서 왔다.

anteroom
[ǽntərùːm]

어원 ante「앞의」+ room「방」 ◎ (방 앞에 있는 방)
몡 대기실, 딸린 방

He rose from his desk and went through the **anteroom** into Shirley's office.
그는 책상에서 일어나 대기실을 거쳐 셜리의 사무실로 갔다.

ante-bellum
[æ̀ntibéləm]

어원 ante「앞의」+ bel「전쟁」+ um「상태」
혱 전쟁 전의, 남북전쟁 전의
post-bellum 혱 전쟁 후의, 남북전쟁 후의

Many houses and churches of the **ante-bellum** South can still be visited today.
남북전쟁 전의 남부의 많은 집과 교회는 지금도 방문할 수 있다.

antecedent
[æ̀ntəsíːdənt]

어원 ante「앞의」+ ced「가다」+ ent「혱젭」 ◎ (앞에 가다)
몡 전례, 경력, 조상 혱 선행의, 우선적인
ancestor 몡 조상

Many people feel a great curiosity to find out about their **antecedents**.
많은 사람들이 큰 호기심을 가지고 자기 조상에 대해 알고 싶어한다.

antenatal
[æ̀ntənéitl]

어원 ante「앞의」+ nat「태어나다」+ al「혱젭」 ◎ (태어나기 전의)
혱 출생 전의, 태어나기 전의 몡 임산부 검진
prenatal 혱 ((미국)) 출생 전의, 태어나기 전의

Your blood pressure will be monitored at all **antenatal** checks.
당신의 혈압은 모든 출생 전 검진으로 관리될 것이다.

★ anticipate : cip「잡다」+ ate「~로 하다」 → 예측하다

05 bene-, bono- (좋은)

보너스(bonus)는 좋은 것을 말하는데 이탈리아어로 very good은 몰토베네(Molto Bene)라고 표현한다.

benediction
[bènədíkʃən]

어원 bene「좋은」+dict「말하다」+ion「명접」 ◑ (좋은 말을 하는 것)

명 축복, (감사의) 기도

Father Currie gave the **benediction** on Sunday morning.
커리 신부는 일요일 아침에 기도를 드렸다.

beneficial
[bènəfíʃəl]

어원 bene「좋은」+fic「행하다」+ial「형접」 ◑ (좋은 행동을 하다)

형 유익한, 이로운
benefit 명 이익, 은혜 통 이익을 얻다

The new regulations will be **beneficial** to everyone concerned.
새 법은 관련된 모든 사람에게 유익한 것이 될 것이다.

benefactor
[bénəfæ̀ktər]

어원 bene「좋은」+fact「행하다」+or「사람」 ◑ (좋은 행동을 하는 사람)

명 후원자, 은인
benefaction 명 선행, 자선, 기부금

A rich woman was a **benefactor** to the young artist.
어떤 부유한 여인이 그 젊은 예술가의 후원자였다.

benevolent
[binévələnt]

어원 bene「좋은」+vol「의사」+ent「형접」 ◑ (좋은 의사(意思)를 가진)

형 호의적인, 친절한
benevolence 명 선의, 선행
malevolent 형 악의로 가득한

He has belief in the existence of a **benevolent** god.
그는 호의적인 신의 존재를 믿는다.

06 eu- (좋은)

유포늄(euphonium)은 튜바 비슷한 금관악기로 기분 좋은 소리를 낸다.

---

eugenics
[juːdʒéniks]

어원 eu「좋은」+gen「종」+ics「학문」 ○ (좋은 종을 취급하는 학문)
명 우생학, 인종 개량법

Eugenics was the central part of his social philosophy.
우생학은 그의 사회사상의 중심적 사항이었다.

---

eulogize
[júːlədʒàiz]

어원 eu「좋은」+log「말」+ize「~로 하다」 ○ (좋은 말로 하다)
동 칭찬하다, 찬사를 보내다
eulogy 명 찬사, 칭찬하는 말

He was **eulogized** as a caring, helpful man and a good father.
그는 남을 잘 보살펴 주고, 도움을 주는 남자이며, 좋은 아버지라는 칭송을 받았다.

---

euphemism
[júːfəmizəm]

어원 eu「좋은」+phem「말하다」+ism「행위」 ○ (좋게 들리도록 말하는 행위)
명 완곡한 표현, 완곡어법

"Pass away" is a **euphemism** for "die."
'돌아가다'는 '죽다'의 완곡한 표현이다.

---

euthanasia
[jùːθənéiʒə]

어원 eu「좋은」+thana「죽음」 ○ (아픔 없이 편안하게 죽게 하는 것)
명 안락사

The right to **euthanasia** is still illegal in most countries.
안락사의 권리는 아직 대부분의 나라에서 위법이다.

07 extr(a)-, exter- (밖의)

심야에 택시를 타면 내야하는 할증요금은 엑스트라 차지(extra charge)라고 말하는데 바른 표현은 surcharge이다.

exterior
[ikstíəriər]

어원 exter「밖의」+ior「비교」 ◐ (보다 바깥쪽의)
형 밖의, 외부에 있는 명 외부, 외견
interior 형 내부의 명 내부, 내지

All the **exterior** walls of the houses are painted white on this island.
이 섬에 있는 집들의 외벽은 모두 하얗게 칠해져 있다.

extraneous
[ikstréiniəs]

어원 extra「밖의」+eous「형접」 ◐ (밖으로부터)
형 외래의, 이질의

These questions are **extraneous** to the issue being discussed.
이들 질문은 토론 중인 문제와는 이질적인 것이다.

extravagant
[ikstrǽvəgənt]

어원 extra「밖의」+vaga「걸어 다니다」+ant「형접」 ◐ (밖을 돌아다니다)
◐ (밖에 나가서 여러 가지 물건을 사대다)
형 사치스러운, 법외의
extravagance 명 사치(품), 무절제

He hardly ever uses taxis because he regards it as **extravagant**.
그가 거의 택시를 이용하지 않는 이유는 사치라고 생각하기 때문이다.

extreme
[ikstrí:m]

어원 extr「밖의」+eme「최상급」 ◐ (가장 밖의)
형 극도의, 극단적의
extremity 명 극도, 첨단, 극단적인 수단

They live in the **extreme** south of the island.
그들은 그 섬의 최남단에서 살고 있다.

08 hypo- (아래의)

고양이 탈을 쓴 사람의 가면 속에는 늑대의 얼굴이 숨어 있다.

hypotension
[hàipouténʃən]

어원 hypo「아래의」+ tension「긴장」
명 저혈압(증), 저하
hypertension **명** 고혈압증, 과도의 긴장

My wife suffers from chronic **hypotension**.
아내는 만성적인 저혈압증을 앓고 있다.

hypocrisy
[hipάkrəsi]

어원 hypo「아래의」+ cri「연기하다」+ sy「명접」 ◯ (아래에서＝뒤에서 연기하는 것)
명 위선(적 행위), 양의 탈을 쓰기
hypocrite **명** 위선자
hypocritical **형** 위선적인, 늑대의 탈을 쓴

Her **hypocrisy** was clear when she talked about loving old people.
그녀가 노인들을 사랑한다고 이야기할 때, 그녀의 위선은 명백했다.

hypothesis
[haipάθəsis]

어원 hypo「아래의」+ thesis「두다」 ◯ (아래에 둔 것)
명 가설, 전제 《복수》 hypotheses
hypothetical **형** 가설의, 가정의

The scientist is doing experiment to see if his **hypothesis** works.
그 과학자는 가설이 맞는지 확인하기 위해 실험을 하고 있다.

hypodermic
[hàipoudə́ːrmik]

어원 hypo「아래의」+ der「피부」+ ic「형접」 ◯ (피부 아래의)
형 피하(조직)의, 피하주사의 **명** 피하주사
dermatology **명** 피부병학

The nurse gave the patient a **hypodermic** injection.
간호사는 환자에게 피하주사를 놓았다.

09 intro-, intra- (속, 안)

인트로(introduction)는 도입부를 뜻하는 음악용어로써 곡 속으로 이끌어주는 전주를 말한다.

---

introspection
[ìntrouspékʃən]

어원 intro「속을」+ spect「보다」+ ion「명접」 ◑ (자기 마음속을 보는 것)
명 내성, 자기 반성
introspect 통 자기 반성하다

After long **introspection**, we decided to have a baby.
오랫동안 생각한 끝에 우리는 아기를 가지기로 결심했다.

---

introvert
[íntrouvə̀ːrt]

어원 intro「안을」+ vert「돌다」 ◑ (자기 안으로 마음이 향하고 있다)
형 내성적인 명 내향적인 사람 통 안으로 향하게 하다

My daughter is shy and **introvert**.
내 딸은 수줍고 내성적이다.

---

intravenous
[ìntrəvíːnəs]

어원 intra「속을」+ ven「혈관」+ nous「형접」 ◑ (혈관 속을)
형 정맥 안의, 정맥주사의 명 정맥주사
vein 명 정맥

The patient was given an **intravenous** injection.
환자는 정맥 주사를 맞았다.

---

intramural
[ìntrəmjúːrəl]

어원 intra「속을」+ mur「벽」+ al「형접」 ◑ (성벽 안의)
형 (대)학내의, 도시 안의
extramural 형 학외의

Today there was an **intramural** basketball competition.
오늘은 교내 농구대회가 있었다.

10 para- (나란히, 옆에서)

단락 = 패러그래프(paragraph)는 「문장이 이어져 있는 것」을 의미하며, 스키의 패러렐(parallel)은 두 개의 스키 스틱이 나란히 평행인 것을 말한다.

parasite
[pǽrəsàit]

어원 para「옆에서」+ sit「먹을거리」 **○** (먹을거리 옆에 있는 사람)

명 기생충, 기생식물, 더부살이

They tend to regard people on welfare as **parasites**.
그들은 복지에 의지하는 사람들을 기생충으로 보는 경향이 있다.

parable
[pǽrəbl]

어원 **○** (옆에 놓인 물건)

명 우화, 비유담

Christ used **parables** to explain moral questions to people.
그리스도는 사람들에게 우화를 써서 도덕적인 문제를 설명했다.

paralyze
[pǽrəlàiz]

어원 para「옆에서」+ lyze「헐렁하다」 **○** (옆이 헐렁한 상태가 되다)**○** (근육의 단편이 헐렁한 상태가 되다)

통 마비시키다, 쓸모없게 만들다
paralysis **명** 마비

Fear of unemployment is **paralyzing** the economy.
실업의 불안이 경제를 마비시키고 있다.

paraphrase
[pǽrəfrèiz]

어원 para「나란히」+ phrase「문구」 **○** (같은 의미의 말을 늘어놓다)

통 바꾸어 쓰다 **명** 바꾸어 말하기

To **paraphrase** Finkelstein, mathematics is a language, like English.
핀켈슈타인의 말을 바꾸어 말하면, 수학은 영어 같은 하나의 언어라는 것이다.

11 per- (통해서, 완전히)

퍼머넌트(permanent)는 per「통해서」+man「유지하다(main)」+ent「형접」에서 「영원의」라는 의미로 사용된다.

---

perish
[périʃ]

어원 per「완전히」+ i「it 가다」+ sh「~로 하다」 ◎ (완전히 가서 없어져 버리다)
통 사라지다, 죽다
perishable 형 부패하기 쉬운 명 생선식품

We must make sure that democracy does not **perish**.
우리들은 민주주의가 멸망하지 않도록 해야 한다.

---

perpetual
[pərpétʃuəl]

어원 per「완전히」+ pet「요구하다」+ ual「형접」 ◎ (마지막까지 추구하다)
형 끊이지 않는, 영구한

I'm sick of her **perpetual** nagging.
나는 그녀의 끊임없는 잔소리가 지긋지긋하다.

---

peruse
[pərú:z]

어원 per「통해서」+ use「사용하다」 ◎ (두뇌를 완전히 사용하다)
통 정독하다, 통독하다, 숙독하다

He spent hours **perusing** the catalog.
그는 몇 시간 걸려서 그 카탈로그를 정독했다.

---

persevere
[pə̀:rsəvíər]

어원 per「통해서」+ severe「엄하다」 ◎ (혹독함을 빠져나오다)
통 참다, 견디어 내다
perseverance 명 인내, 끈기

He didn't know any English, but he **persevered** and became a good student.
그는 영어를 전혀 몰랐지만 끈기 있게 노력하여 훌륭한 학생이 되었다.

12 post- (뒤에)

정치에서의 대권주자나 연예계에서 떠오르는 샛별을 '제2의 누구' 라고 말할 때 포스트라는 접두어를 사용한다.

posterity
[pɑstérəti]

어원 post「뒤에」+ ity「명접」 ◑ (뒤를 잇는 사람)

명 후세, 자손
posterior 형 뒤의, 나중의

You should hand these cultural inheritances down to **posterity**.
이들 문화유산을 후세에 전해야 한다.

postpone
[poustpóun]

어원 post「뒤에」+ pone「두다」 ◑ (예정된 일을 뒤로 미루다)

동 연기하다, 미루다, 늦추다
postponement 명 연기

The meeting was **postponed** to a later date.
회의는 뒷날로 연기되었다.

postgraduate
[póustgrǽdʒuit]

어원 post「나중에」+ graduate「졸업하다」 ◑ (대학을 졸업한 뒤의)

명 대학원생 형 대학원의

He is a **postgraduate** at Yonsei University.
그는 연세대학의 대학원생이다.

postdate
[pòustdéit]

어원 post「뒤에」+ date「때」 ◑ (시간 뒤에)

동 (시간적으로) ~의 뒤에 오다
antedate 동 ~보다 앞당기다

His reputation as an artist **postdated** his death.
예술가로서의 평판이 올라간 건, 그가 죽은 뒤부터였다.

★ postscript : script「쓰다」 → 추신

33

13 se- (떨어져서)

셀렉션(selection)은 떨어진 장소에 모으다(lect = 모으다)라는 의미에서 「선택하다, 뽑다」라는 의미가 됐다.

secede
[sisí:d]

어원 se「떨어져서」 + cede「가다」 ➲ (정당, 동맹에서 떨어져 간다)
图 탈퇴하다, 탈당하다
secession 명 탈퇴

Several countries **seceded** from the United Nations.
몇 개국이 유엔에서 탈퇴했다.

seduce
[sidjú:s]

어원 se「떨어져서」 + duce「이끌다」 ➲ (떨어진 방향으로 이끌다)
图 부추기다, 유혹하다
seduction 명 유혹, 부녀유괴(죄)

He accused Paul of trying to **seduce** his daughter.
그는 폴이 자기 딸을 유혹하려고 한 일을 비난했다.

secure
[sikjúər]

어원 se「떨어져서」 + cure「걱정」 ➲ (걱정하지 않아도 된다)
图 확보하다, 보증하다 혭 안전한, 불안 없는
security 명 안전, 경비, 유가증권(securities)

France was able to **secure** the release of two of its hostages.
프랑스는 포로 두 사람의 석방을 확보할 수 있었다.

secretion
[sikrí:ʃən]

어원 se「떨어져서」 + cret「나누다」 + ion「명접」 ➲ (분리하는 것)
명 분비(작용), 분비물
secrete 图 분비하다

The disorder is caused by excessive **secretion** of certain hormones.
컨디션 이상은 어떤 호르몬의 과잉 분비로 인해 일어난다.

14 sur- (위에, 넘어서)

서바이벌(survival)은 어려움을 이겨내고 살아남는 것을 말한다.

surface
[sə́:rfis]

어원 sur「위에」+face「얼굴」 ◐ (얼굴 위로)
몡 표면, 수면

The moon's **surface** is covered with rocks and dust.
달 표면은 바위와 먼지로 덮여 있다.

surmise
[sərmáiz]

어원 sur「위로」+mise「보내다」 ◐ (물고기가 있을 것 같은 곳에 그물을 던지다)
통 추측하다 몡 추측

I could only **surmise** that they had met before.
나는 그들이 예전에 만난 적이 있다고 추측할 수밖에 없었다.

surname
[sə́:rnèim]

어원 sur「위에」 + name「이름」 ◐ (이름 위에 붙는 것)
몡 성(姓), 별명

Probably no one had called him by his **surname** since he was in the army.
아마도 그가 군대에 입대하고 나서 그의 성으로 그를 부른 사람은 없었을 것이다.

surcharge
[sə́:rtʃὰ:rdʒ]

어원 sur「위로」 + charge「요금」 ◐ (통상 요금을 넘어서)
몡 추가요금, 과적재 통 추징금을 내다

This tour will not be subject to any **surcharges**.
이 여행은 어떤 추가요금도 받지 않는다.

15 sur- (위에, 넘어서)

설로인 스테이크(sirloin / surloin steak)는 소의 등허리 위쪽의 부드러운 등심 부분을 두껍게 썰어 구운요리를 말한다..

surround
[səráund]

어원 sur「위에」+ ound「흐르다」 ◑ (물이 위를 흘러가듯 감싸다)
동 둘러싸다, 에워싸다 명 주변
surroundings 명 환경

His house is **surrounded** by the stone wall.
그의 집은 돌 벽으로 둘러싸여 있다.

surfeit
[sə́:rfit]

어원 sur「위에」+ feit「fect 행하다」 ◑ (너무 ~하다)
명 과잉, 과음, 과식 동 넌더리나다

A **surfeit** of food makes us sick.
과식하면 속이 메스껍다.

surmount
[sərmáunt]

어원 sur「위에」+ mount「오르다」 ◑ (위까지 오르다)
동 극복하다, 뛰어넘다

He had to **surmount** immense physical disabilities.
그는 이루 헤아릴 수 없는 신체장애를 극복해야만 했다.

surrender
[səréndər]

어원 sur「위로」+ render「주다」 ◑ (상대방을 높이 하여 내 몸을 바치다)
동 항복하다, 건네주다 명 항복, 인도
render 동 (원조를) 하다, 갚다, 제출하다

The terrorists were given ten minutes to **surrender**.
테러리스트들은 항복할 시간을 10분 받았다.

16 super-, supr- (위로, 넘어서)

슈퍼맨(superman)은 인간의 능력을 초월한 남자를 지칭한다.

superior
[səpíəriər]

어원 super「위로」+ ior「비교」 ⊙ (~보다 위에)
[형] 보다 뛰어난 [명] 뛰어난 사람, 상사
superiority [명] 우월, 초월

They claimed that a vegetarian diet was **superior** to a meat diet.
그들은 채식이 육식보다 뛰어나다고 주장했다.

superintend
[sù:pərinténd]

어원 super「위에」+ in「안에」+ tend「빼다」 ⊙ (위에서 자기 쪽으로 주의를 끌다)
[동] 감시하다, 지휘하다
superintendent [명] 감독자, 관리자

He was supposed to **superintend**, not do everything himself.
그는 혼자서 모든 것을 하는 게 아니라, 감독을 하기로 되어 있었다.

supersede
[sù:pərsí:d]

어원 super「위로」+ sed「앉다」
[동] 대신하다, 후임이 되다

Newton's theory, which **superseded** Kepler's, is more comprehensive.
케플러의 이론을 대신한 뉴턴의 이론은 더 포괄적이다.

supreme
[səprí:m]

어원 supr「위에」+ eme「최상급」 ⊙ (제일 위의)
[형] 최고의, 궁극의 [명] 절정
supremacy [명] 최고(위), 우위

They give this **supreme** effort for our entertainment.
그들은 우리를 즐겁게 하기 위해 이 같은 최고의 노력을 한다.

귀가 솔깃해지는 영단어 1

1 국제적인 테러 지원조직 알카에다는 아라비아어로 「기지」라는 뜻이며, 알(al)은 영어의 정관사 the에 해당하는 말이다.

- □ al-Qaeda 「알카에다」
- □ alchemy 「연금술」 (chemy는 화학반응으로 금속을 변질시키는 것)
   ※chemistry 「화학」
- □ Alhambra 「알람브라 궁전」 (스페인의 그라나다에 있는 이슬람식 건축물)
   hambra는 「빨강」이라는 뜻
- □ alcohol 「알코올」 (옛날 동양에서 콜이라는 먹(墨)이 눈화장에 쓰였는데, 그 말이 에탄올 증류에 쓰인 것)
- □ algebra 「대수학」 (gebra는 「접골」이라는 의미로, 보충해서 동등하게 하는 것을 말한다)
- □ alkali 「알칼리」 (kali는 태운 재)

2 앨범(album) (앨범에 사진을 붙이기 전의 상태, 즉 「하얀 판자」라는 뜻)
앨버트로스(albatross) (「흰 새」에서 「바보 새」의 의미로) 골프에서 앨버트로스라고 하면 기준 타수보다 3타 적은 홀인을 말하며, 버디(birdie「작은 새」)가 기준 타수보다 하나 적은 홀인, 이글(eagle「독수리」)이 기준 타수보다 2타 적은 홀인을 가리키듯 점점 새가 커진다.

- □ albino 「흰둥이, 선천적 색소 결핍증의 동식물」
- □ albumen 「달걀흰자, 난백」

3 옥션(auction)은 점점 가격을 올리는 「경매」
au는 「증가하다, 낳다」는 의미이다.

- □ author 「저자」 (작품을 낳는 사람)
- □ authority 「권위, 권위자」 (독자적인 견해를 낳는 사람)
- □ august 「권위 있는」 (독자적인 견해를 만들어, 사람들로부터 존경을 받는 것)
- □ augment 「증가시키다, 증대하다」

형용사적 의미를 가진 어근으로 유추하는 영단어

Incubating Etymology EUREKA VOCA

17 arch (최고의)

아치(arch) 위에 서서 건설현장을 감독하는 십장을 떠올려라.

---

architect
[á:rkətèkt]

어원 arch「최고의」+tect「기술을 가진」 ○ (목수 우두머리, 도편수)
명 건축가 통 설계하다
architecture 명 건축술, 건축학
architectural 형 건축상의

His father is an **architect** who designs office buildings.
그의 아버지는 오피스 빌딩을 설계하는 건축가다.

---

anarchy
[ǽnərki]

어원 a「~가 없다」+arch「최고의」+y「명접」 ○ (최고의 사람이 없는 상태)
명 무정부 상태, 무질서
anarchic 형 무정부 상태의, 무정부주의의

There was a state of near **anarchy** in the classroom.
교실은 거의 무질서 상태였다.

---

monarch
[mánərk]

어원 mon「하나의」+arch「최고의」 ○ (최고인 사람이 한 사람만 있다)
명 세습군주
monarchy 명 군주제, 군주국

Monarchs ruled England for centuries.
잉글랜드는 수세기에 걸쳐 군주가 지배했다.

---

hierarchy
[háiərá:rki]

어원 hier「성스러운」+arch「최고의」+y「명접」 ○ (성직자가 지배한 상태)
명 (피라미드식) 계급제도, 성직정치
hierarchical, hierarchic 형 (피라미드식) 계급제도의, 성직정치의

The President of the United States is at the top of the military **hierarchy**.
미국 대통령은 군대 계급제도의 정상에 있다.

18 brev, brief, bridge (짧은)

비행 직전에 비행기 승무원을 모아놓고 기장이 하는 간결한 지시를 브리핑(briefing)이라고 한다.

brief
[bri:f]

어원 brief「짧은」
형 단시간의, 간소한 동 요약하다 명 요약

Let's keep the meeting as **brief** as possible.
회의는 가능한 한 짧은 시간에 끝내자.

brevity
[brévəti]

어원 brev「짧은」+ ity「명접」 ➡ (짧은 것)
명 (시간의) 짧음, (표현의) 간결함

Fans were disappointed by the **brevity** of the concert.
팬들은 콘서트의 짧음에 실망했다.

abbreviate
[əbríːvieit]

어원 ab「~쪽으로」+ brev「짧은」+ ate「~로 하다」 ➡ (짧게 하다)
동 단축하다, 생략하다
abbreviation 명 단축, 생략

Extraterrestrial is often **abbreviated** as E.T.
지구 밖의 생물은 가끔 ET로 단축된다.

abridge
[əbrídʒ]

어원 ab「~쪽으로」+ bridge「짧은」 ➡ (짧게 하다)
동 요약하다, (시간을) 줄여 빨리 끝내다
abridgement 명 발췌

An **abridged** version of the novel appeared in a magazine.
그 소설의 요약판이 잡지에 실렸다.

19 cav(e) (움푹 파인)

치아에 구멍(cave)이 생기면 충치(cavity)가 된다.

---

cave
[keiv]

어원 ◐ (움푹 파인 곳)
명 동굴, 굴 통 구멍을 파다
cavern 명 큰 동굴

People lived in **caves** long ago.
사람들은 아주 옛날 동굴에서 살았다.

---

cavity
[kǽviti]

어원 cav「움푹 파인」+ity「상태」
명 동굴, 충치

Today I had two **cavities** filled at the dentist's.
오늘 나는 치과에 가서 충치 두 개를 때웠다.

---

concave
[kɑnkéiv]

어원 con「완전한」+cave「움푹 파인」
통 오목하게 하다 형 오목한 면의 명 오목면
concavity 명 오목한 상태, 함몰된 면

The insides of my eyeglasses are **concave**.
내 안경 안쪽이 오목하다.

---

excavate
[ékskəvèit]

어원 ex「밖에」+cav「움푹 파인」+ate「~로 하다」 ◐ (밖으로 꺼내서 움푹 파이게 하다)
명 구멍을 파다, 발굴하다
excavation 명 발굴, 굴삭

They have **excavated** part of an ancient Roman road.
그들은 고대 로마의 길을 일부 발굴했다.

20 cert, cern (확실한, 나누다)

certain(확실한)은 체에 걸러졌다는 것이 원래 의미이고, 콘서트(concert : con「함께」 + cert「나누다」)는 악보를 각각 분담해서 모두 같이 연주하는 것을 말한다.

ascertain
[æsərtéin]

어원 as「~쪽으로」 + certain「확실한」 ⓞ (확실한 쪽으로)
[동] 확인하다, 규명하다

The police haven't yet **ascertained** the cause of the explosion.
경찰은 그 폭발의 원인을 아직 밝혀내지 못했다.

certificate
[sərtífəkit]

어원 cert「확실한」 + fic「만들다」 + ate「~로 하다」 ⓞ (확실하게 하다)
[명] 증명서 [동] 인증하다, 면허장을 주다
certify [동] 증명하다, 보증하다

You have to show your birth **certificate** when you apply for a passport.
여권을 신청할 때는 출생증명서를 보여줘야 한다.

discern
[disə́:rn]

어원 dis「떨어져서」 + cern「나누다」 ⓞ (따로따로 나누다)
[동] 깨닫다, 구별하다, 식별하다

He **discerned** some patterns in those figures.
그는 그 숫자들을 보고 몇 가지 패턴이 있다는 것을 깨달았다.

concern
[kənsə́:rn]

어원 con「함께」 + cern「나누다」 ⓞ (각자의 이익을 추려서 관심을 가지다)
[동] 관계하다, 걱정하다 [명] 관심사, 걱정, 관계
concerning [전] ~에 대하여

Her job is something **concerned** with computers.
그녀의 일은 컴퓨터에 관련된 것이다.

21 equ (동일한)

적도(equator)는 지구를 딱 반으로 나눈 선을 말하며, 에콰도르(Ecuador)는 적도 상에 있는 나라다.

---

equator
[ikwéitər]

어원 equ「동등한」+ate「~로 하다」+or「물건」 ◐ (지구를 동등하게 하다)

명 적도

Ecuador is located on the equator.
에콰도르는 적도 상에 있다.

---

adequate
[ǽdikwit]

어원 ad「~쪽으로」+equ「동일한」+ate「형접」 ◐ (똑같아지도록)

형 충분한, 적당한
adequacy 명 충분, 타당성

This house is **adequate** for just the two of us.
이 집은 우리 두 사람이 살기에 딱 좋습니다.

---

equinox
[íːkwinὰks]

어원 equ「동일한」+nox「밤」 ◐ (밤과 낮의 길이가 같아지는 것)

명 주야 평분시(밤과 낮이 같은 때), 춘분 · 추분을 중심으로 한 7일간
equinoctial 형 주야 평분시, 추분의, 춘분의

The spring **equinox** occurs around 21 March.
춘분은 3월 21일 경이다.

---

equilibrium
[ìːkwəlíbriəm]

어원 equ「동일한」+libr「저울」 ◐ (저울이 좌우 같은 상태)

명 평형, 균형

I lost my **equilibrium** and fell down.
나는 균형을 잃고 쓰러졌다.

44

22 grav, griev (무거운)

괴로움, 슬픔은 몸이 무거운 상태를 의미한다.

grave
[greiv]

어원 grav「무거운」
형 무거운, 중대한
gravity 명 중력, 인력, 진지함
gravitation 명 중력, 인력, 낙하

It was the **gravest** political crisis of his career.
그건 그의 생애에서 가장 중대한 정치적 위기였다.

aggravate
[ǽgrəvèit]

어원 ag「~쪽에」+grav「무거운」+ate「~로 하다」 ○ (무거운 쪽으로 가지고 가다)
동 악화시키다, 화나게 하다
aggravation 명 악화, 약 오름

Cutting down the forests may **aggravate** global warming.
산림을 벌채하는 것은 지구온난화를 악화시킬 수 있다.

grieve
[gri:v]

어원 ○ (마음을 무겁게 하다)
동 몹시 슬퍼하다, 마음을 아프게 하다
grief 명 깊은 슬픔
grievous 형 통탄할

They are still **grieving** over the death of their dog.
그들은 개의 죽음 때문에 아직도 깊은 슬픔에 빠져있다.

aggrieve
[əgrí:v]

어원 ag「~쪽으로」+griev「슬픔」 ○ (슬픈 쪽으로)
동 고통을 주다, 괴롭히다

He had every right to feel **aggrieved** at the decision.
그가 그 결정에 괴로워하는 것은 당연했다.

23 hum(il) (낮은)

허리를 낮추는 사람은 겸손한(humble) 사람을 가리킨다.

humble
[hʌ́mbl]

어원 ○ (지면에서 가깝다는 점에서)
형 겸허한, 천한, 재미없는 동 비하하다

He was very **humble** about his success.
그는 자기 성공에 대해 매우 겸허했다.

humiliate
[hju:mílièit]

어원 humil「낮은」+ate「~로 하다」 ○ (사람을 낮게 하다)
동 창피를 주다, 굴욕을 주다
humility 명 겸손, 비하
humiliation 명 굴욕

Our team was **humiliated** in last night's game.
우리 팀은 어제 시합으로 창피를 당했다.

exhume
[ekshjú:m]

어원 ex「밖에」+hum「낮은」 ○ (낮은 장소의 밖으로) ○ (지면 밖으로)
동 시체를 꺼내다, 파내다
inhume 동 매장하다

The body was **exhumed** on the order of the judge.
시신은 재판관의 명령에 따라 발굴됐다.

posthumous
[pʌ́stʃuməs]

어원 post「뒤에」+hum「낮은」+ous「형접」 ○ (낮은 장소 = 무덤으로 들어간 뒤에)
형 사후의, 유복자로 태어난, (작품이) 저자 사후에 출판된

His **posthumous** novel was published last month.
그의 사후소설은 지난 달 출판됐다.

24 just (법, 바른)

시간이나 시계를 정각 12시에 정확하게 맞추다.

adjust
[ədʒʌ́st]

어원 ad「~쪽으로」+just「바른」 ○ (바른 방향으로 향하게 하다)

통 조정하다, 조절하다, 적합하다

adjustment 명 조정, 조절, 적합

Adjust the heat so that the soup doesn't boil.

수프가 끓지 않도록 불을 조절하세요.

unjust
[ʌndʒʌ́st]

어원 un「~가 아니다」+just「바른」 ○ (바르지 않다)

형 부당한, 부정한

Crime is the natural offspring of an **unjust** society.

범죄는 부조리한 사회의 자연스런 소산이다.

justice
[dʒʌ́stis]

어원 just「바른」+ice「명접」 ○ (바른 것)

명 정의, 공정, 재판

injustice 명 부정

Children have a strong sense of **justice**.

아이들에게는 강한 정의감이 있다.

justify
[dʒʌ́stəfài]

어원 just「바른」+fy「~로 하다」 ○ (옳다고 하다)

통 정당화하다

justification 명 정당화

Nothing **justifies** murdering another human being.

살인을 정당화하는 건 아무것도 없다.

25 lev, live (가벼운, 들다)

레버(lever)로 가볍게 들어 올리다. 엘리베이터(elevator)로 손님을 위로 끌어올리다.

---

levy
[lévi]

어원 ○ (국민에게서 거둔 것)
圖 징수하다, 소집하다 圐 과세, 세액, 수집

The government **levied** a new tax on the people.
정부는 국민에게 새로운 세금을 징수했다.

---

relieve
[rilí:v]

어원 re「다시」+ live「가벼운」 ○ (다시 가볍게 하다)
圖 편하게 하다, 안심시키다, 해방하다
relieved 圐 안심하다
relief 圐 안심, 경감, 기분전환

It seemed that being able to tell the truth **relieved** her.
진실을 말할 수가 있어서 그녀는 안도한 것 같았다.

---

relevant
[rélәvәnt]

어원 re「다시」+ lev「들어 올리다」+ ant「형접」 ○ (다시 화제로 삼다)
圐 관련 있는, 적절한
relevance 圐 관련성
irrelevant 圐 관련 없는

How is that **relevant** to this discussion?
그게 이 토론과 어떤 관계가 있습니까?

---

alleviate
[әlí:vièit]

어원 al「~쪽으로」+ lev「가벼운」+ ate「~로 하다」 ○ (가볍게 하다)
圖 (고통을) 완화하다, (문제를) 해소하다
alleviation 圐 경감

The doctor has prescribed some drugs to **alleviate** the pain.
의사는 통증을 완화하는 약을 처방했다.

26 propri (자기의)

프로퍼(proper) 상품이란 다른 회사에는 없는 독자적인 상품으로, 패션업계에서는 세일 상품이 아닌 적정 가격의 상품을 말하기도 한다.

proper
[prápər]

어원 ➡ (자기 자신의)
- 형 적당한, 특유의, 예의 바른
- **improper** 형 부적당한, 부적절한

We need to put the books back in their **proper** place.
우리는 그 책을 적절한 곳으로 되돌려 놓아야 한다.

property
[prápərti]

어원 p r o p e r「자기의」+ t y「명접」 ➡ (자기 것이라는 것)
- 명 재산, 소유권, 특성

Children need to be taught to have respect for other people's **property**.
아이들에게 타인의 소유권을 존중하도록 가르쳐야 한다.

propriety
[proupráiəti]

어원 propri「자기의」+ ty「명접」 ➡ (자기다운 것)
- 명 예의 (올바른 것), 타당성
- **proprietary** 형 사유(私有)의, 재산 있는

Kids today have no sense of **propriety**.
요즘 아이들은 예절에 대한 감각이 없다.

appropriate
[əpróuprièit]

어원 ap「~쪽으로」+ propri「자기의」+ ate「~로 하다」 ➡ (자기 쪽으로 가지고 오다)
- 동 사용화(私用化)하다, 충당하다 형 적당한
- **appropriation** 명 사용화(私用化), 충당

He was found to have **appropriated** some of the company's money.
그가 회사 돈을 개인적으로 썼었다는 것이 밝혀졌다.

27 prox (가까운), proxim (가장 가까운)

「대략, 약」을 나타내는 about과 approximately 중에서, approximately가 사실에 가까운 것을 암시한다.

approximate
[əprάksəmit]

어원 ap「어떤 쪽으로」+ proxim「가장 가까운」+ ate「~로 하다」 ◐ (가장 가까운 쪽으로)

형 근사한, 대략의 동 대략 ~이 된다, 근사치를 구하다
approximately 부 약, 대략

The train's **approximate** time of arrival is 10:45.
그 열차의 대략적인 도착시간은 10시 45분입니다.

proximity
[prɑksíməti]

어원 proxim「가장 가까운」+ ty「명접」 ◐ (가장 가까운 것)
명 (장소, 시간, 혈연관계 등으로) 가까운 것, 근접

The best thing about the location of the house is its **proximity** to the town center.
그 집 위치의 가장 좋은 점은 시내 중심에서 가깝다는 것이다.

proximate
[prάksəmət]

어원 proxim「가장 가까운」+ ate「형접」
형 가장 가까운, 직전(후)의, 직접의

The **proximate** cause of death was lung cancer.
직접적인 사인은 폐암이었다.

proxy
[prάksi]

어원 prox「가까운」+ y「명접」 ◐ (가까이에 있는 것)
명 대리(권), 대리인, 위임장

You can vote by **proxy**.
대리인을 세워서 투표할 수 있다.

28 rect, recti (똑바른)

직사각형(rectangle)의 네 모서리는 직각으로 되어 있다.

rectangle
[réktæŋgl]

어원 rect「똑바른」+ angle「각」○ (직각의)
图 직사각형
rectangular 휑 직사각형의

The plate itself is a small **rectangle** of metallic material.
그 납작한 접시 자체는 작은 직사각형의 금속물질이다.

correct
[kərékt]

어원 cor「완전히」+ rect「똑바른」
图 바르게 하다, 고치다 휑 올바른, 정확한
correction 图 수정, 정정

I want to **correct** this false impression that people have of me.
사람들이 나에게 가지고 있는 잘못된 인상을 바르게 하고 싶다.

erect
[irékt]

어원 e「ex 밖으로」+ rect「똑바른」○ (밖으로 향해 똑바른)
图 세우다, 건설하다 휑 직립한
erection 图 직립, 건설

The police **erected** barriers around the crime scene.
경찰은 그 범행현장에 장애물을 세웠다.

rectify
[réktəfài]

어원 recti「똑바른」+ fy「~로 하다」○ (똑바로 하다)
图 바르게 하다, 수정하다

I am anxious to **rectify** this situation.
나는 이 상황을 바르게 하고 싶다.

29 sacr, sanc(t) (성스러운)

산타클로스(Santa Claus)는 성(saint) 니콜라스의 별명이기도 하다.

sacred
[séikrid]

어원 sacr「성스러운」+ ed「형접」
형 신성한, 종교적인, 성스러운

Certain animals were considered **sacred**.
어떤 동물은 신성한 것으로 인식되었다.

sacrifice
[sǽkrəfàis]

어원 sacr「성스러운」+ fice「~로 하다」 ○ (신성한 것으로 하다)
통 희생으로 바치다, 산 제물로 하다 명 희생, 산 제물

She **sacrificed** her career to bring up the children.
그녀는 아이들을 키우기 위해 직업을 희생했다.

sanction
[sǽŋkʃən]

어원 sanct「성스러운」+ ion「명접」 ○ (신성한 것으로 하다)
명 제재 (조치), 허가 통 허가하다, 제재조치를 하다

The U.N. security council may impose economic **sanctions**.
UN 안전보장이사회는 경제 제재를 가하기도 한다.

sanctuary
[sǽŋktʃuəri]

어원 sanct「성스러운」+ ary「장소」 ○ (성스러운 장소)
명 성역, 보호, 사냥금지구역

Refugees sought **sanctuary** in Thailand.
난민들은 태국에 보호를 요청했다.

30 san, sal (건강한, 건전한)

새너토리엄(sanatorium)은 건강한 몸을 만드는 요양소나 휴양지를 가리킨다.

sane
[sein]

어원 san「건전한」
[형] 건전한, 제정신의
insane [형] 발광한

The jury decided that Bill was **sane** when he opened fire.
배심원은 빌이 불을 질렀을 때는 제정신이었다고 판결을 내렸다.

sanitary
[sǽnətèri]

어원 san「건전한」+ ary「형접」
[형] (공중) 위생의, 위생적인
sanitation [명] 공중위생

All food should be prepared under **sanitary** conditions.
모든 음식은 위생적인 상태에서 준비되어야 한다.

salute
[səlúːt]

어원 ⊙ (상대방의 건강을 기원하다)
[동] 인사하다, 목례하다 [명] 인사, 경례

In my school we had to **salute** the flag each morning.
우리 학교에서는 매일 아침, 깃발에 경례를 해야 했었다.

salutary
[sǽljutèri]

어원 sal「건강」+ ary「형접」
[형] 건강회복에 좋은, 유익한

It was a **salutary** lesson to see the whole team so easily defeated.
팀 전체가 그렇게 간단히 패하는 것을 본 것은 유익한 훈련이었다.

31 simil, simul, semble (같은)

팩시밀리(facsimile)는 같은 것을 복제할 때도 사용한다.

---

simile
[síməli]

어원 ○ (similar「비슷한」과 같은 어원)

명 직유, 직유법, 직유 표현

The lines "She walks in beauty, like the night ……" contains a **simile**.

'그녀는 밤과 같이 아름답게 걷는다' 라는 대사에는 직유가 담겨 있다.

---

simultaneous
[sàiməltéiniəs]

어원 simul「같은」+ ta「sta (서다)」ous「형접」 ○ (같은 장소에 서다)

형 동시에 일어나다, 동시에 존재하다

The speech was broadcast live, with **simultaneous** translation into English.

연설은 영어 동시통역과 함께 생방송되었다.

---

semblance
[sémbləns]

어원 sembl「같은」+ ance「명접」 ○ (같은 상태)

명 외관, 유사, 겉치레

We'll soon get back to some **semblance** of normality.

우리는 곧 겉만 번지르르한 정상 상태로 돌아갈 것이다.

---

dissemble
[disémbl]

어원 dis「가 아니다」+ semble「같은」 ○ (같지 않다) ○ (알맹이와 다르다)

동 (본심을) 숨기다, 위장하다

She had no reason to **dissemble** her curiosity.

그녀에게는 호기심을 숨길 이유가 없었다.

32 sol (단단한, 금화)

병사 = 솔저(soldier)는 원래 단단한 물건(금화)을 위해 일하는 사람을 가리키는 말이었다.

soldier
[sóuldʒər]

어원 sold「금화」 + er「사람」 ◎ (금화를 위해 일하는 사람)
圐 병사, 군인, 용사
solid 圀 고체의

A British **soldier** was wounded in the fighting.
영국 병사가 그 전투에서 부상했다.

solidarity
[sàlədǽrəti]

어원 solid「단단한」 + ity「명접」 ◎ (단단한 상태)
圐 단결, 연대, 결속
solidify 圗 고체화하다, 단결시키다

Workers went on strike to show their **solidarity** with the miners.
노동자들이 파업을 해서 탄광 노동자와의 단결을 표시했다.

consolidate
[kənsálədèit]

어원 con「함께」 + solid「단단한」 + ate「~로 하다」 ◎ (같이 단단한 상태로 하다)
圗 결합하다, 강화하다
consolidation 圐 결합, 강화

We'll be **consolidating** departments and cutting the mayor's staff by 61%.
우리는 부서를 통합하여 시장의 직원을 61% 줄이기로 했다.

solemn
[sáləm]

어원 ◎ (단단한) ◎ (확실한)
圀 엄숙한, 짐짓을 빼는
solemnity 圐 엄숙

The judge read the verdict in a clear and **solemn** voice.
재판관은 또렷하고 엄숙한 목소리로 평결을 읽었다.

33 sur (확실한, 안전한)

이승엽 선수는 항상 안정된 슈어(sure)한 배팅을 하는 편이다.

assure
[əʃúər]

어원 as「~쪽으로」+sure「확실한」
통 보증하다, 확신시키다
assurance 명 보증, 확신

The doctor **assured** me that I wouldn't feel any pain.
의사가 통증은 이제 없을 것이라고 확신했다.

ensure
[enʃúər]

어원 en「~로 하다」+sure「확실한」
통 보증하다, 확보하다

The measures **ensure** the success of your enterprise.
그 방도를 취하면 당신의 사업 성공은 보증된다.

insure
[inʃúər]

어원 in「~로 하다」+sure「확실한」
통 보증하다, 보험에 들다
insurance 명 보험

We **insured** all our valuables before the move.
우리는 이사하기 전에 모든 귀중품을 보험에 들었다.

reassure
[riːəʃúər]

어원 re「다시」+as「~쪽으로」+sure「확실한」 ○ (다시 보증하다)
통 안심시키다, 재보증하다
reassurance 명 재보증, 안심시키는 것

The company tried to **reassure** shareholders about the safety of their stocks.
그 회사는 주식의 안전성에 대해 주주들을 안심시키려고 했다.

귀가 솔깃해지는 영단어 2

1 팔러(parlor)는 「느긋한 분위기에서 얘기하는 장소」라는 뜻에서, 주로 미국 영어로 「응접실 풍의 가게」라는 뜻이 됐다.
  - ☐ beauty parlor 「미용실」, massage parlor 「안마시술소」
  - ☐ parliament 「의회, (영국의) 국회」
  - ☐ parlance 「말투, 어조」

2 발레(ballet)의 ball은 「춤추다」는 뜻
  - ☐ ball 「무도회」
  - ☐ ballroom 「(호텔 등의) 무도실」
  - ☐ ballad 「발라드」의 어원은 춤추면서 부른 노래

3 벌룬(balloon)의 ball(볼)처럼, 부풀어 오른 「풍선」을 가리킨다.
  - ☐ ballot 「무기명 투표(용지), 투표하다」 (옛날 투표에 사용된 작은 공)
  - ☐ ballistic 「탄도의」 (공을 던지는 것에서 유래)

4 대학 캠퍼스(campus)는 「편평한 장소」가 원래 의미이며, 캠프(camp)는 본래 평야에서 「야영」하는 것을 말한다.
  - ☐ encamp 「야영하다」
  - ☐ champion 「챔피언, 우승자」 (평야에서 싸워 상대의 토지를 자기 것으로 한 사람)
  - ☐ campaign 「캠페인, 선거운동」 (평야에서 표를 얻으려고 싸우는 것)
  - ☐ scamper 「재빨리 사라지다」 (평야 = 전장으로 향하다)
  - ☐ decamp 「캠프를 거두다」

5 무는 레디시(radish)
  - ☐ radical 「근본적인, 과격한」
  - ☐ eradicate 「근절하다, 뿌리째 뽑다」
  - ☐ radix 「어근, 뿌리」

**You
can
do
it!**

Chapter

3

한자를 연상하여 유추하는 영단어

34 fer, fever (熱, 열, 끓다)

도박장에서 777로 피버(fever)하다.

---

feverish
[fíːvəriʃ]

어원 fever「열」+ish「형접」 ⊙ (열의)
형 열광적인, 열병의, 열띤

There was a lot of **feverish** activity before the opening of the new store.
새 가게 개점 전은 정신없이 바빴다.

---

fervent
[fə́ːrvənt]

어원 fer「끓다」+ent「형접」 ⊙ (끓어오르고 있다)
형 열렬한, 격한, 불타는 듯한
fervor 명 작렬, 열정

There are **fervent** arguments both for and against gun control.
총기 규제에는 격렬한 찬반양론이 있다.

---

ferment
[fə́rment]

어원 fer「끓다」+ment「명접」 ⊙ (끓어오르는 것)
동 발효하다(시키다) 명 소란, 흥분, 효소

A winemaker **ferments** grapes into wine.
와인 제조업자는 포도를 발효시켜서 와인을 만든다.

---

febrile
[fíːbril]

어원 febr「열」+ile「형접」 ⊙ (열이 있는)
형 발열성의, 열병의

The patient is **febrile**.
그 환자는 열병에 걸렸다.

35 car(t), chart (紙, 종이)

카르타 놀이(carta, 딱지놀이)나 환자의 카르테(Karte, 진료기록)의 어원은 card(카드)와 같은 「종이」에서 왔다. 전세기 (charter flight)는 종이에 써서 계약한 비행기를 말한다.

discard
[diská:rd]

어원 dis「떨어져서」+ card「트럼프 카드」 ➡ (카드를 버리다)

⑧ 버리다, 해고하다, 포기하다

Cut the olives into small slices and **discard** the pits.
올리브를 작게 잘라 씨를 버려라.

carton
[ká:rtn]

어원 ➡ (두꺼운 종이)

⑲ 판지로 만든 상자, 카툰

She got the milk **carton** from the fridge and poured it over her cornflakes.
그녀는 냉장고에서 우유 팩을 꺼내서 콘플레이크에 부었다.

cartoon
[ka:rtú:n]

어원 ➡ (판자 종이에 쓰인 1줄 만화에서)

⑲ 시사풍자만화, 만평

We always watch **cartoons** on Saturday mornings.
우리는 매주 토요일 아침에 시사풍자만화를 본다.

chart
[tʃa:rt]

어원 ➡ (종이에 쓴 표)

⑲ 도표, 항해용 지도, 인기 순위표

This **chart** shows last year's sales figures.
이 도표에는 작년 판매수가 표시되어 있다.

36 flu(ct) (流, 흐르다)

그녀의 유창한 영어는 fluent English라고 칭찬을 받았다.

fluctuate
[flʌ́ktʃuèit]

어원 fluct「흐름」+ate「~로 하다」 ◐ (흘러서 떠오르다)
⑧ 변동하다, 오르내리다
fluctuation ⑲ 변동, 굽이침

During the crisis, oil prices **fluctuated** between $20 and $40 a barrel.
석유위기 때, 석유가격은 1배럴당 20달러에서 40달러 사이를 오르내렸다.

affluent
[ǽfluənt]

어원 af「~쪽으로」+flu「흐름」+ent「형접」 ◐ (물이 흘러가는 쪽으로)
◐ (물 쓰듯 하다)
⑲ 풍부한, 유복한
affluence ⑲ 풍족함, 풍요

She was used to an **affluent** lifestyle.
그녀는 풍요로운 생활에 익숙해져 있다.

fluid
[flúːid]

어원 flu「흐름」+id「형접」
⑲ 유동체, 수분 ⑲ 흘러가는 듯한, 변하기 쉬운

Stay in bed and drink plenty of **fluids**.
침대에 들어가 수분을 충분히 섭취해라.

flush
[flʌ́ʃ]

어원 flu「흐름」+sh「~로 하다」 ◐ (흘러가다) ◐ (급히~하다)
⑧ 물을 흘려보내다, 얼굴을 붉히다 ⑲ 물을 쏟아 보냄, 홍조

She **flushed** and looked away.
그녀는 얼굴을 붉히고 눈을 돌렸다.

★ flood : 홍수 ★ fluent : 유창한 ★ influence : in「안에」 → 영향
★ superfluous : super「넘어서」 → 불필요한

37 greg (群, 무리)

무리(greg)에서 떨어져 나온 어린 양은 꼭 말썽을 부린다.

gregarious
[grigέəriəs]

어원 greg「무리」+ious「형접」 ◐ (무리로 가득한)
형 떼 지어 사는, 사교적인

Leo was a **gregarious**, kind individual, who loved people.
레오는 사교적이고 착한 사람으로 사람들을 사랑했다.

congregate
[káŋgrəgèit]

어원 con「함께」+greg「무리」+ate「~로 하다」 ◐ (같이 떼 지어 다니다)
동 모이다, 모으다
congregation 명 집회

A crowd **congregated** around the entrance to the theater.
극장 입구 주변에 군중이 모였다.

segregate
[ségrəgèit]

어원 se「떨어져서」+greg「무리」+ate「~로 하다」 ◐ (무리를 떼어놓다)
동 격리하다, 차별하다
segregation 명 격리, 인종차별

The boys and girls were **segregated** into different classes.
남녀가 다른 반으로 나눠져 있었다.

egregious
[igrí:dʒəs]

어원 e「ex 밖으로」+greg「무리」+ious「형접」 ◐ (무리 밖으로 나왔다)
◐ (눈에 띄다)
형 악명 높은, 지독한

It was an **egregious** error for a statesman to show such ignorance.
정치가가 그런 무지를 보인다는 건 심한 과오였다.

38 hydro (水, 물)

A-bomb는 「원자(atomic) 폭탄」, H-bomb는 「수소(hydrogen) 폭탄」을 말한다.

hydrogen
[háidrədʒən]

어원 hydro「물」+ gen「생기다」 ⊙ (물의 바탕이 되다)

몡 수소

The **hydrogen** bomb has huge destructive power.
수소 폭탄에는 엄청난 파괴력이 있다.

hydroelectric
[hàidrəiléktrik]

어원 hydro「물」+ elec「전기」+ ic「형접」

혱 수력 전기의

There is a huge **hydroelectric** power station in this village.
이 마을에는 거대한 수력 발전소가 있다.

dehydrate
[di:háidreit]

어원 de「떨어져서」+ hydr「물」+ ate「~로 하다」 ⊙ (물에서 떨어지다)

통 탈수하다, 건조시키다, 탈수상태로 하다

Air travel **dehydrates** the body.
비행기 여행은 몸을 탈수시킨다.

hydrophobia
[hàidrəfóubiə]

어원 hydro「물」+ phobia「싫은」

몡 물 공포증, 광견병

He cannot swim because he has **hydrophobia**.
그는 물 공포증 때문에 수영을 못한다.

39 is / insul (島, 섬)

시원한 섬 = 아일랜드(island)에서 한가롭게 일광욕을 즐기다.

isle
[ail]

어원 is「섬」+le「작은」 ◎ (작은 섬)
명 섬, 작은 섬

The ship finally dropped anchor at a beautiful **isle** of the Marquesas.
그 배는 마르케사스의 아름다운 섬에 닻을 내렸다.

insular
[ínsjulər]

어원 insul「섬」+ar「형접」
형 섬의, 섬나라 근성의, 고립한

The **insular** population is less than 1,000.
그 섬 인구는 천 명이 되지 않는다.

peninsula
[pinínsələ]

어원 pen「거의」+insul「섬」 ◎ (거의 섬과 같은 곳)
명 반도
peninsular 형 반도의

We went cycling across the **peninsula**.
우리는 반도를 자전거로 횡단했다.

isolate
[áisəlèit]

어원 is「섬」+ate「~로 하다」 ◎ (섬으로 만들어 주변으로부터 고립시키다)
동 고립, 분리
isolation 명 고립, 분리

The U. S. has tried to **isolate** Cuba both economically and politically.
미국은 쿠바를 경제적으로도 정치적으로도 고립시키려고 했다.

40 lin(e), lan (絲, 실, 線, 줄, 선)

라인은 한 줄의 실처럼 길게 이어진 선을 가리킨다. 일직선의 선로의 리니어 모터카.

---

linear
[líniər]

어원 lin「위로」+ ar「형접」 ◎ (선(線)의)
형 직선의, 직접적인, 선 모양으로 늘어선

Is there a **linear** relationship between salaries and productivity?
급여와 생산성에는 직접적인 관계가 있습니까?

---

lining
[láiniŋ]

어원 ◎ (안감에 삼베를 사용했던 것에서 유래)
명 뒷길, 뒤(를 밟는 것)

She has a wool **lining** in her winter coat.
그녀의 겨울 코트에 울로 안감을 댔다.

---

linguistic
[liŋgwístik]

어원 ling「실」+ tic「형접」 ◎ (실처럼 늘어진 혀)
형 언어의, 언어학의
linguistics **명** 언어학
language **명** 언어

He is interested in the **linguistic** development of young children.
그는 어린이의 언어 발달에 흥미가 있다.

---

lineage
[líniidʒ]

어원 lin「실, 선」+ age「명접」 ◎ (한 줄 선으로 연결된 상태)
명 가계, 혈통
lineal **형** 직계의, 조상 대대로 이어온

She is very proud of her ancient royal **lineage**.
그녀는 대대로 황족의 피를 이어받았다는 것을 무척 자랑스럽게 여긴다.

41 lumin, luc, lust (光, 빛)

밤의 일루미네이션(illumination)이 반짝거리는 대도시, 서울은 아름답다.

---

illuminate
[ilú:mənèit]

어원 il「위에」+ lumin「빛」+ ar「~로 하다」 ◯ (위로 빛을 닿게 하다)
⑧ 비추다, 밝게 하다, 설명하다
illumination ⑲ 조명, 일루미네이션

Many buildings were **illuminated** on Christmas Eve.
크리스마스 이브에 많은 빌딩이 조명등으로 장식했다.

---

illustrate
[íləstrèit]

어원 il「위에」+ lust「빛」+ rate「~로 하다」 ◯ (위에 빛을 비추어 확실하게 하다)
⑧ 설명하다, 예증하다
illustration ⑲ 설명, 사례, 그림

He wrote children's books and **illustrated** them.
그는 어린이용 책을 쓰고, 그 책에다 그림을 넣었다.

---

luster
[lʌ́stər]

어원 ◯ (빛나는 것)
⑲ 광채, 광택, 빛, 윤기
lustrous ⑱ 광택 있는, 빛나는

Beverly Hills has not lost its **luster**.
비버리 힐즈는 광채를 잃지 않고 있다.

---

lucid
[lú:sid]

어원 luc「빛」+id「형접」 ◯ (빛이 닿은)
⑱ 알기 쉬운, 명쾌한, 두뇌가 명석한
lucidity ⑲ 알기 쉬운, 명쾌한

He gave a **lucid** explanation of the problem.
그는 그 문제를 알기 쉽게 설명했다.

42 mater (母, 어머니)

임산부가 입는 머터니티(maternity) 드레스는 참으로 편하다. 매트릭스(matrix)는 「모체, 기반」을 지칭한다.

maternal
[mətə́:rnəl]

어원 mater「어머니」+ al「형용사」
형 어머니의, 어머니다운
maternity 명 모성, 산원 형 임산부의

Alice's **maternal** grandmother will be eighty next month.
엘리스의 외할머니는 다음 달에 여든이 되신다.

matrimony
[mǽtrəmòuni]

어원 matri「어머니」+ mony「명접」 ○ (어머니가 될 자격이 있는 것)
명 결혼(식), 결혼생활
matrimonial 형 결혼의, 부부의

They were joined in holy **matrimony**.
그들은 신성한 결혼식으로 맺어졌다.

matriarch
[méitrià:rk]

어원 matri「어머니」+ arch「최고의」 ○ (어머니가 최고의 지위에 있다)
명 여자 가장
matriarchy 명 모권제

After grandfather died, grandmother became the **matriarch** of our family.
할아버지가 돌아가시고 할머니가 가족의 가장이 됐다.

matricide
[méitrəsàid]

어원 matri「어머니」+ cide「자르다」 ○ (어머니를 자르는 것)
명 어머니를 죽인 죄, 모친 살해(를 한 사람)

The police accused him of being a **matricide**.
경찰은 어머니를 죽인 죄로 그를 기소했다.

43 mort (死, 죽다)

'빛을 더(more) 들게 하라' 며 죽어간(mort) 철학자 괴테는 처절하다.

mortal
[mɔ́:rtəl]

어원 mort「죽음」+ al「형접」 ◐ (죽음의, 죽음에 달하다)
형 죽을 운명에 있는, 죽음에 관한
mortality 명 죽을 운명, 인간

Humans are **mortal** and we all eventually die.
인간은 죽을 운명에 있으며, 결국은 모두 죽음을 맞는다.

immortal
[imɔ́:rtəl]

어원 im「~가 아니다」+ mort「죽음」+ al「형접」 ◐ (죽을 수 없다)
형 불멸의, 불사의
immortality 명 불사, 불멸

I told him to pray for his **immortal** soul.
나는 그에게 불멸의 혼을 위해 기원하라고 말했다.

mortify
[mɔ́:rtəfài]

어원 mort「죽음」+ ify「~로 하다」 ◐ (죽게 하다)
통 분하게 만들다, 실망시키다
mortification 명 금욕, 굴욕

She was **mortified** to discover that her daughter had been out drinking.
그녀는 딸이 술을 마시러 나간 것을 알고 실망했다.

mortician
[mɔ:rtíʃən]

어원 mort「죽음」+ cian「사람」 ◐ (죽음을 취급하는 전문가)
명 장의사

Most **morticians** work in funeral homes.
대부분의 장의사는 장례식장에서 일한다.

44 mort, murd, mors (死, 죽다)

죽음을 담보로 저당권(mortgage)을 설정하다.

mortgage
[mɔ́ːrɡidʒ]

어원 mort「죽음」+ gage「담보」 ➡ (죽음을 담보로 한 것)
⑧ 저당 잡히다 ⑲ 저당(권), 주택 대출금

He **mortgaged** his home to borrow enough money to pay for his son's education.
그는 아들 교육비에 쓸 충분한 돈을 빌리려고 집을 저당 잡혔다.

mortuary
[mɔ́ːrtjuəri]

어원 mort「죽음」+ ary「장소」 ➡ (시체를 취급하는 장소)
⑲ 시체안치소

The remains of a few victims were taken to a makeshift **mortuary** in a hangar.
수 명의 희생자 시신이 격납고에 있는 임시 시신안치소에 운반되었다.

murder
[mə́ːrdər]

어원 murd「죽음」+ er「사람」 ➡ (죽음을 가져오는 사람)
⑲ 살인 ⑧ 살인하다
murderer ⑲ 살인범

Two sisters have been convicted of **murder**.
두 자매가 살인 판결을 받았다.

remorse
[rimɔ́ːrs]

어원 re「다시」+ mors「죽음」 ➡ (다시 죽을 듯한 고통)
⑲ 심한 후회, 양심의 가책
remorseful ⑲ 통한의

He felt no **remorse** for the shooting.
그는 총을 발사했다는 일에 자책감을 느끼지 않았다.

45 pap, patri, pater (父, 아버지)

조상의 땅을 지키는 원격 미사일을 패트리엇(patriot)이라 하며, 보호자는 패트론 (patron), 아버지는 아이의「모범, 본보기 (pattern)」이다.

patriot
[péitriət]

어원 patr「아버지」+ iot「사람」 ○ (아버지의 땅을 지키는 사람)

図 애국자, 유공자, 애국지사
patriotic 図 애국심이 강한
patriotism 図 애국심

The **patriots** formed an army to fight the invading army.
애국자들은 군대를 조직하여 침략군과 싸웠다.

paternal
[pətə́:rnəl]

어원 pater「아버지」+ al「형접」

図 친가의, 아버지다운
paternity 図 부성, 아버지임

My **paternal** grandmother is 99 years old.
우리 친 할머니는 99세이다.

expatriate
[ekspéitriit]

어원 ex「밖에」+ patri「조상」+ ate「~로 하다」 ○ (조상의 땅에서 내몰다)

図 국외로 추방된 사람 图 국외로 추방하다

A lot of **expatriates** from America live in Prague.
프리하에는 미국에서 국외 추방된 사람들이 많다.

repatriate
[ri:péitrièit]

어원 re「근본으로」+ patri「조상」+ ate「~로 하다」 ○ (조상의 땅으로 되돌아가다)

图 본국에 송환하다, 본국으로 보내다
図 귀환

Many boat people have been forcibly **repatriated**.
많은 난민들이 강제송환되고 있다.

46 phil(e) (愛, 사랑)

필하모니(philharmonic)는 「음악애호가의, 교향악단」이라는 뜻을 내포한다.

philosophy
[fəlàsəfi]

어원 phil「사랑」+sophy「지식」 ◎ (사물을 알려고 하는 것)
⑲ 철학, 사상
philosophical ⑲ 철학적인

I'd like to take a course in **philosophy** next semester.
다음 학기에는 철학 수업을 받고 싶다.

philanthropist
[filǽnθrəpist]

어원 phil「사랑」+anthrop「인간」+ist「사람」 ◎ (인간을 사랑하는 사람)
⑲ 박애주의자, 자선가
anthropology ⑲ 인류학

The city library was built by a 19th-century **philanthropist**.
시립 도서관은 19세기의 박애주의자들이 건설했다.

philology
[filáləʤi]

어원 phil「사랑」+log「말」+y「명접」 ◎ (말을 사랑하는 것)
⑲ 언어학, 문헌학, 역사적 언어학
philologist ⑲ 언어학자

Comparative **philology** had not been invented.
비교 언어학은 아직 고안되지 않았다.

Anglophile
[ǽŋgloufàil]

어원 Anglo「영국」+phile「사랑」 ◎ (영국을 사랑하다)
⑲ 영국을 사랑하는 ⑲ 친영파
Francophile ⑲ 프랑스를 좋아하는 ⑲ 친불파

The novelist is known for being **Anglophile**.
그 소설가는 친영파로 알려져 있다.

47 poten, pos (力, 힘)

잠재능력 = 포텐셜(potential)이 없는 운동선수는 임포턴트(impotent)라고 표현한다.

potential
[pouténʃəl]

어원 poten「힘」+ tial「형접」 ○ (힘 있는)
[형] 가능한, 잠재적인 [명] 가능성, 잠재능력

A number of **potential** buyers have expressed interest in the company.
많은 잠재적 구매자가 그 회사에 관심을 표명했다.

potent
[póutənt]

어원 poten「힘」+ nt「형접」 ○ (힘 있는)
[형] 강력한, 효능 있는, 성적 능력이 있는
impotent [형] 무능력한, 성적 능력이 없는

This is a very **potent** drug and can have unpleasant side-effects.
이 약은 무척 강력한 약이라서 불쾌한 부작용이 있을 수 있다.

possess
[pəzés]

어원 pos「힘」+ sess「앉다」 ○ (힘을 가지고 앉다)
[통] (재능, 부 등을) 가지다, 소유하다
possession [명] 소유(물)
possessive [형] 소유의, 독점욕이 강한

They **possess** property all over the world.
그들은 세계 도처에 재산을 가지고 있다.

dispossess
[dìspəzés]

어원 dis「없는」+ pos「힘」+ sess「앉다」 ○ (힘을 가지고 앉을 수 없다)
[통] (법률에 기초하여 토지나 재산을) 빼앗다

A lot of people were **dispossessed** of their homes during the civil war.
내전 중에 많은 사람들이 집을 빼앗겼다.

48 sign (印, 도장)

자기 이름을 쓰는 서명은 signature이다. 유명인이 자기 저서나 사진에 하는 싸인은 autograph라고 한다.

signatory
[sígnətɔ̀:ri]

어원 sign「표시」+ory「형접」 ◐ (조약, 계약에 이름을 쓴)
명 서약자, 조약 가맹국 **형** 서명(조인)한

The U.K. is a signatory to the Berne Convention.
영국은 베른 조약 가맹국이다.

consign
[kənsáin]

어원 con「함께」+sign「표시」 ◐ (같이 표시를 하다) ◐ (상품에 표시해서 보낸다)
동 건네주다, 옮기다, 맡기다
consignation **명** (상품의) 위탁

They have been consigned to waiting lists.
그들은 대기자 명단에 올려졌다.

designate
[dézignèit]

어원 de「아래에」+sign「표시」+ate「~로 하다」 ◐ (아래에 표시를 하다)
동 나타내다, 지정하다, (~라고) 부르다
designation **명** 지정, 지명, 명칭

The lake was recently designated a conservation area.
그 호수는 최근 보호지구로 지정되었다.

ensign
[énsain]

어원 en「안에」+sign「표시」 ◐ (안에 표시된 것)
명 깃발, 국기, 군기

By contrast the courtesy ensign has become more of a duty than a courtesy.
대조적으로, 예의상의 국기는 예의보다는 의무적인 것이 되어버렸다.

★ design : de「아래에」 → 설계(하다)　★ signify : 의미하다
★ assign : as「~쪽으로」 → 할당하다　★ resign : re「뒤로」 → 사직하다
★ courtesy ensign : 선박이 외국 항구에 정박중일 때 자국기 외에 현지의 국기를 게양하는 것

49 scope (的, 과녁, 보다)

telescope는 멀리(tele) 있는 과녁(scope)을 보는 기계를 가리킨다.

telescope
[téləskòup]

어원 tele「멀리」+ scope「과녁」 ⊙ (멀리 과녁을 보는 기계)
명 망원경

I looked through the **telescope** and saw a boy with a bag over his shoulder.
망원경을 들여다보니 어깨에 가방을 멘 소년이 보였다.

scope
[skoup]

어원 ⊙ (과녁을 보고 범위를 정하다)
명 범위, 기회

Let us extend the **scope** of the study to examine more factors.
연구 범위를 넓혀서 더 많은 요인을 조사합시다.

microscope
[máikrəskòup]

어원 micro「작은」+ scope「과녁」 ⊙ (작은 과녁을 보는 기계)
명 현미경
microscopic 형 현미경으로밖에 볼 수 없는, 매우 작은
A primitive form of microscopic life may have existed on Mars billions of years ago.
(현미경으로밖에 볼 수 없는 원시적인 생명체가 수십억 년 전의 화성에 존재했는지도 모른다.)

Each sample was examined through a **microscope**.
각 표본이 현미경으로 검사되었다.

periscope
[périskòup]

어원 peri「주변」+ scope「과녁」 ⊙ (주변의 과녁을 보는 기계)
명 잠망경

We upped **periscope**, identified it, then downed **periscope**.
우리는 잠망경을 올려 이를 확인하고 나서, 잠망경을 내렸다.

50 sphere (球, 공)

지구를 절반으로 나누었을 때 위쪽 반이 북반구, 아래쪽 반이 남반구이다.

---

sphere
[sfiər]

어원 sphere「구」
图 구(球), 지구의, 영역
spherical 图 공 모양의, 천체의

She has a good reputation in scientific **spheres**.
그녀는 과학 분야에서 평판이 좋다.

---

atmosphere
[ǽtməsfiər]

어원 atmos「증기」+ sphere「구」 ○ (지구의 증기가 모이는 곳)
图 대기, 공기, 분위기

The **atmosphere** in the meeting was tense.
회의 분위기는 긴장돼 있었다.

---

hemisphere
[hémisfiər]

어원 hemi「semi 반절」+ sphere「구」 ○ (지구의 반절)
图 반구, 대뇌반구

Atmospheric carbon dioxide in the Northern **Hemisphere** is increasing.
북반구의 대기 중 이산화탄소는 증가하고 있다.

---

biosphere
[báiousfiər]

어원 bio「생명」+ sphere「구」
图 생물권, 생활권
stratosphere 图 성층권
troposphere 图 대류권

We all depend on one **biosphere** for sustaining our lives.
우리는 모두 생명을 유지하기 위한 하나의 생물권에 의지하고 있다.

51 the, thus (神, 귀신)

판테온(Pantheon, AD 120년경 로마에 건축됨)은 모든(pan) 신이 모이는 신전을 의미한다.

theology
[θiálədʒi]

어원 theo「신」+logy「학문」

명 신학, 종교 심리학
theological 형 신학 상의

He studied **theology** at college.
그는 대학에서 신학을 공부했다.

theocracy
[θiːákrəsi]

어원 theo「신」+cracy「통치」 ◎ (신에 의한 통치)

명 신탁(神託) 정치, 성직 정치

Knox tried to create as wide a base as possible for his **theocracy**.
녹스는 신탁 정치를 위해 가능한 한 넓은 토대를 만들려고 했다.

monotheism
[mánouθiìzəm]

어원 mono「하나」+the「신」+ism「주의」 ◎ (신이 하나라는 것을 믿는 주의)

명 일신교, 일신론
atheism 명 무신론 **atheist** 명 무신론자
polytheism 명 다신교

Monotheism is a fundamental belief of Judaism.
일신론은 유대교의 기본적 견해다.

enthusiastic
[enθùːziǽstik]

어원 en「안에」+the「신」+ic「형용사」 ◎ (몸 안으로 신이 들어온)

형 열광적인, 열심인
enthusiasm 명 열광, 열중

The boy is **enthusiastic** over jazz.
그 소년은 재즈에 열중하고 있다.

52 ton(e) / toun / tun / son / sound (음, 소리)

sonic는 「음속」, unison은 son(음)이 uni(하나)로 「동음, 일치」되는 것을 가리키며, tone은 「음색, 어조」의 의미로 쓰인다.

resound
[rizáund]

어원 re「원래 있던 곳으로」+sound「소리」 ➡ (소리가 원래 있던 곳으로)
통 반향하다, 공명하다
resonant 형 반향하는

Music **resounded** through the hall.
음악이 홀에 울려 퍼졌다.

astonish

[əstániʃ]

어원 as「ex 완전히」+ton「소리」+ish「~로 하다」 ➡ (완전한 소리가 되다)

➡ (천둥이 되다)
통 깜짝 놀라게 하다
astonishing 형 놀라운, 눈부신

We were **astonished** at the results of the election.
우리는 선거 결과에 깜짝 놀랐다.

astound
[əstáund]

어원 as「ex 완전히」+toun「소리」 ➡ (완전한 소리가 되다) ➡ (천둥이 되다)
통 깜짝 놀라게 하다, 망연자실하게 하다
astounding 형 놀랄 만한

I was **astounded** at the sight.
나는 그 광경에 몹시 놀랐다.

stun
[stʌn]

어원 s「ex 완전히」+tun「소리」 ➡ (완전한 소리가 되다) ➡ (천둥이 되다)
통 망연자실하다, 기절시키다

The impact of the ball had **stunned** her.
공을 맞은 충격으로 그녀는 기절했다.

53 va(st) (空, 비어있는)

vast는 방해하는 게 아무것도 없는 「광대한」 것을 나타낸다.

vanity
[vǽnəti]

어원 va「(속이) 빔」 +ity「명접」 ⊙ (비어 있는 상태)
명 공허, 허무, 허영심

Her **vanity** kept her from getting a hearing aid.
그녀는 허영심 때문에 보청기를 끼지 않았다.

vain
[vein]

어원 va「(속이) 빔」 +in「형접」 ⊙ (비어 있는)
형 무익한, 쓸데없는, 허무한

I tried in **vain** to make her change her mind.
그녀의 기분을 바꾸려고 했지만, 헛수고였다.

vanish
[vǽniʃ]

어원 va「(속이) 빔」 +ish「~로 하다」 ⊙ (텅 비게 되다)
동 (갑자기) 사라지다, 없어지다

The dinosaurs **vanished** millions of years ago.
공룡은 수백만 년 전에 사라졌다.

devastate
[dévəstèit]

어원 de「완전히」 +vast「(속이) 빔」 +ate「~로 하다」 ⊙ (완전히 텅 비다)
동 황폐시키다, 압도하다
devastating 형 파괴적인, 압도적인
devastation 명 황폐 상태

Bombing raids **devastated** the city of Dresden.
공중 폭격으로 드레스덴 도시는 황폐해졌다.

⋆ vacant : 비어 있는   ⋆ void : 무효의
⋆ avoid : a「밖에」 → 피하다   ⋆ evacuate : e「밖에」 → 피난시키다

54 ve, vi, voy (道, 길)

vein(정맥)은 혈액이 통과하는 길을 가리킨다.

---

obvious
[ábviəs]

어원 ob「대하여」+vi「길」+ous「형접」 ◐ (길을 거슬러 올라가다) ◐ (길을 가는데 방해가
되다)
형 명백한, 빤히 들여다보이는

It is **obvious** that she doesn't like him.
그녀가 그를 좋아하지 않는다는 것은 명백했다.

---

vehicle
[víːəkl]

어원 ve「길」+cle「작은」 ◐ (길을 가는 작은 것)
명 (육상의) 탈 것, 운송기관, 전달수단

Newspapers can be **vehicles** for political propaganda.
신문은 정치적인 선전의 전달수단이 될 수 있다.

---

convoy
[kánvɔi]

어원 con「함께」+voy「길」 ◐ (길을 같이 가다)
명 (자동차의) 호송, 호위 **통** 호위하다, 호송하다

A **convoy** of trucks containing supplies was sent to the famine area.
물자를 실은 트럭 일단이 기아 지역에 보내졌다.

---

envoy
[énvɔi]

어원 en「안에」+voy「길」 ◐ (이 길 안으로 들어올 사람)
명 특사, 사자

The President sent a special **envoy** to the trade talks.
대통령은 무역회담에 특사를 보냈다.

★ via : ~의 경유로 ★ convey : con「함께」 → 운반하다 ★ deviate : de「떨어져서」 → 멀어지다
★ pervious : pre「앞에」 → 이전의 ★ trivial : tri (3) → 하찮은

귀가 솔깃해지는 영단어 3

1 센서(censor)는 고대 로마에서 시세(市勢) 조사나 풍기 단속을 한 사람
- □ censor 「검열관, 검열(하다)」
- □ censure 「비난(하다), 혹평(하다)」
- □ census 「인구조사」

2 돔 구장의 dome은 「집」을 뜻하는 말
- □ domestic 「국내의, 가정 내의」
- □ domesticate 「길들이다」
- □ domicile 「집, 주거」

3 닥터(doctor)의 원래 뜻은 「가르치는 사람」
- □ doctrine 「교의, 주의」 (가르치는 사람이 가지고 있는 것)
- □ document 「문서」 (사람에게 가르칠 수 있는 수단)
- □ docile 「솔직한, 유순한」 (가르치기 쉬운)

4 코인 론드리(coin laundry, 동전으로 가동되는 무인 세탁소)의 론드리는 「씻는 장소」
- □ lavatory 「화장실, 세면장」 (씻는 장소)
- □ lavender 「라벤더, 엷은 보라색」 (물의 파란색과 닮아서)
- □ lava 「용암」 (흘러 떨어진 것)
- □ lavish 「후한, 낭비벽이 있는, 헤픈」 (물처럼 쓴다)
- □ launder 「세탁하다」

5 달의 여신은 루나(Luna)
- □ lunar 「달의」
- □ lunatic 「정신이상의」 (달의 영향을 받아 발광한)
- □ lunacy 「정신병」

.
.
.

**You
can
do
it!**

단어를 연상해서 유추하는 영단어

55 art, ert (기술)

아트(art) = 예술이란 기교와 노동으로 만든 작품을 의미한다.

---

artificial
[à:rtəfíʃəl]

어원 art「기술」+ fic「만들다」+ al「형접」 ◎ (만드는 기술을 가진)
형 인공적인, 일부러 꾸민 듯한

The growers use both natural and **artificial** light.
식물을 재배하는 사람들은 자연의 빛과 인공적인 빛 둘 다 사용한다.

---

artisan
[á:rtəzən]

어원 art「기술」+ an「사람」 ◎ (기술을 가진 사람)
명 장인, (미술) 공예가

The man is an **artisan** in a wood-working shop.
그 남자는 목공예점의 장인이다.

---

artifact
[á:rtəfæ̀kt]

어원 art「기술」+ fact「만들다」 ◎ (기술로 만든 작품)
명 공예품, 가공품

The scholar is digging for Egyptian **artifacts**.
그 학자는 이집트 공예품을 발굴하고 있다.

---

inert
[iné:rt]

어원 in「~가 아니다」+ ert「기술」 ◎ (기술이 아니다)
형 (스스로의 힘으로) 움직일 수 없는, 둔한
inertia 명 무력, 타성

A car without an engine sat **inert** in the garage.
엔진 없는 차가 차고에서 움직일 수 없는 상태였다.

56 bel(l), vel(l) (전쟁)

로마 신화에서 전쟁의 수호신(Mars)의 아내이며 전쟁의 여신은 베로나(Bellona)이다.

bellicose
[bélikòus]

어원 bell「전쟁」+ ose「가득 찬」
형 호전적인, 툭 하면 싸우려 하는
bellicosity 명 전쟁이나 싸움을 좋아하는 것

That country is **bellicose**, always threatening to go to war.
그 나라는 호전적이며 항상 전쟁을 시작하겠다고 위협한다.

belligerent
[bəlídʒərənt]

어원 bell「전쟁」+ ger「행하다」+ ent「형접」 ○ (전쟁을 치르다)
형 호전적인, 시비조인
belligerence 명 전쟁(행위), 투쟁성

Her **belligerent** attitude made it hard to work with her.
그녀의 태도가 도전적이라서 같이 일하기 힘들었다.

rebellion
[ribéljən]

어원 re「대항하여」+ bell「전쟁」+ ion「명접」
명 반란, 모반
rebel 통 모반을 일으키다, 지독하게 싫어하다 명 반역자
rebellious 형 반역적인, 다루기 힘든

The army put down the **rebellion**.
군대는 반란을 진압했다.

revel
[révəl]

어원 re「대항하여」+ vel「전쟁」 ○ (소동을 일으키다)
통 마시고 흥청거리다, 한껏 즐기다
revelry 명 술을 마시고 흥청거림

The father **reveled** in his son's success.
아버지는 아들의 성공에 흥청거리며 법석을 떨었다.

57 chron (시간)

약간의 시간 차이도 용납되지 않는 싱크로나이즈드 스위밍(수중발레)은 통일성이 제일 중요하다.

synchronize
[síŋkrənàiz]

어원 syn「함께」+ chron「시간」+ ize「~로 하다」 ❍ (시간을 같게 하다)
图 동시에 일어나다, 일치시키다
synchronic 图 공시적(共時的)인

We **synchronized** our watches so we would return at the same time.
우리는 동시에 돌아올 수 있도록 시계를 맞췄다.

chronic
[kránik]

어원 chron「시간」+ ic「형접」 ❍ (시간을 들이다)
图 타성의, 상습적인

She has had **chronic** pain in her back for years.
그녀는 수년전부터 등에 만성적인 통증이 있다.

chronological
[krànoulɑ́dʒikəl]

어원 chron「시간」+ log「말」+ al「형접」 ❍ (시간을 말로써 남긴)
图 연대순의, 연대기의
chronicle 图 기록을 하다 图 연대기, 기록
chronology 图 연대순배열

We arranged the documents in **chronological** order.
우리는 문서를 연대순으로 정리했다.

anachronism
[ənǽkrənìzəm]

어원 ana「거슬러 올라가」+ chron「시간」+ ism「행위」 ❍ (시대에 역행하는 행위)
图 시대착오, 시대에 뒤진 사람(물건)
anachronistic 图 시대착오의

It is almost an **anachronism** to use a typewriter these days.
요즘 타자기를 쓰는 건 거의 시대착오다.

58 corp(or) (신체)

코퍼스(corpus)란 문학 전집 등을 말한다. the corpus of Soseki는 「소세키(일본의 대문호) 전집」을 가리킨다.

corps
[kɔːr]

어원 corp「몸」 ◐ (구성원들의 몸체, 덩어리)
명 군대, 단체
corpse 명 시체

The U.S. Marine **Corps** is trained to fight.
미국 해병대원은 전투 훈련을 받는다.

corporal
[kɔ́ːrpərəl]

어원 corpor「몸」 + al「형접」
형 신체의, 육체의

It is against the law to use **corporal** punishment in schools.
학교 체벌은 법률 위반이다.

corporation
[kɔ̀ːrpəréiʃən]

어원 corpor「몸」 + ate「~로 하다」 + ion「명접」 ◐ (몸을 형성하는 것) ◐
(조직화하는 것)
명 법인, 주식(유한)회사
corporate 형 법인의, 단체의
incorporate 통 법인 조직으로 하다, (조직의) 일부로 편입시키다

I don't want to work for a big **corporation** where everything is so impersonal.
나는 모든 게 비인간적인 대기업에는 근무하고 싶지 않다.

corpulent
[kɔ́ːrpjələnt]

어원 corp「몸」 + ul「가득한」 + ent「형접」 ◐ (몸이 풍부한)
형 비만의
corpulence 명 비만, 비대

He is so **corpulent** that he even can't walk.
그는 비만으로 걸을 수도 없다.

59 creek, cru, crook (십자, 구부리다)

허리를 굽혀 달릴 준비를 하는 게 크라우칭스타트(crouching start)이다. crouch란 「몸을 굽힌다」는 뜻으로 서던 크로스 (Southern Cross)는 남십자성을 말한다.

---

creek
[kriːk]

어원 creek「구부리다」 ◑ (바다, 호수가 뭍으로 파고 휘어들어간 부분)
图 작은 만, 후미

They enjoyed fishing in the creek.
그는 후미에서 낚시를 즐겼다.

---

crooked
[krúkid]

어원 crook「구부리다」+ed「형접」
图 구부러진, 비뚤어진
crook 图 구부러진 것, 부정을 저지른 자 图 구부리다

Drive slowly on these crooked country roads.
이 구불구불한 시골길은 천천히 운전하십시오.

---

crucial
[krúːʃəl]

어원 cruc「십자가」+ial「형접」 ◑ (십자가처럼 소중한)
图 매우 중대한, 결정적인, 곤란한

It is crucial that we tackle the problem immediately.
우리가 즉시 그 문제를 다루는 건 매우 중요하다.

---

crucify
[krúːsəfài]

어원 cruc「십자가」+ify「~로 하다」
图 십자가에 못 박다, 심하게 꾸짖다
crucifixion 图 십자가에 못 박음, 박해

She's going to crucify you when she finds out what you've done.
당신이 한 일을 그녀가 알면 심하게 꾸중을 할 거예요.

60 cur (주의, 걱정)

세심한 주의를 기울여 안전을 보장하는 시큐리티(security) 회사는 보안업체라고 한다.

cure
[kjuər]

어원 ○ (주의를 기울여)
⑧ 치료하다, 빼내다 ⑲ 치료(법)

Breast cancer can be **cured** if it is detected early.
유방암은 초기에 발견하면 치료할 수 있다.

accurate
[ǽkjərit]

어원 ac「~쪽으로」+cur「주의」+ate「형접」 ○ (~쪽으로 주의를 기울여 신중한)
⑱ 정확한, 올바른, 정밀한
accuracy ⑲ 정확함

This watch is not very **accurate**.
이 시계는 별로 정확하지 않다.

curious
[kjúəriəs]

어원 cur「주의」+ous「형접」 ○ (주의하다)
⑱ 호기심이 많은, 알고 싶어 하는
curiosity ⑲ 호기심
curio ⑲ 골동품

I was **curious** to find out what he had said.
나는 그 사람이 무슨 말을 했는지 알고 싶었다.

procure
[proukjúər]

어원 pro「앞에」+cur「주의」 ○ (사전에 배려하다) ○ (수배하다)
⑧ 얻다, 손에 넣다

I managed to **procure** a ticket for the baseball game.
나는 야구 시합 티켓을 겨우 손에 넣었다.

61 dem(o) (사람들)

사람들을 생각하는 정치제도는 democracy(민주주의)이다.

democracy
[dimákrəsi]

어원 demo「사람들」+cracy「통치」 ➲ (사람들이 통치하는 것)
명 민주정치, 민주주의
democrat 명 민주주의자
democratic 형 민주주의, 민주적인

The early 1990s saw the spread of **democracy** in Eastern Europe.
1990년대 초기, 동유럽에 민주주의가 보급되었다.

demography
[dimágrəfi]

어원 demo「사람들」+graph「쓰다」 ➲ (인구를 쓴 것)
명 인구통계학, 인구학
demographic 형 인구통계학의

Experts in **demography** advise politicians and advertisers.
인구통계학 전문가는 정치가와 광고업자에게 조언한다.

endemic
[endémik]

어원 en「안에」+dem「사람들」+ic「형접」 ➲ (어떤 특정적인 사람들 속에서)
형 (병이) 그 지방 특유의, 그 토지 특산의
pandemic 형 (병이) 전국적으로 유행하다

The disease is **endemic** among British sheep.
그 병은 영국 양 특유의 것이다.

epidemic
[èpədémik]

어원 epi「~의 사이에서」+dem「사람들」+ic「형접」 ➲ (사람들 사이로 퍼진)
명 전염병, (병, 사상 등의) 유행 형 전염병의, 유행하는

There are **epidemics** of influenza almost every year.
거의 매년 감기가 유행이다.

62 estim, esteem, aim (평가)

차를 사기 전에 먼저 타보고 승차감을 평가(estimate)한다.

---

estimate
[éstəmèit]

어원 estim「평가」+ ate「~로 하다」 ○ (가치를 평가하다)
통 평가하다, 견적을 내다 명 평가, 견적
estimation 명 견적

I **estimated** the loss to be over $2,000,000.
저는 손실이 2백만 달러 이상이 된다고 추정했습니다.

---

overestimate
[òuvəréstəmeit]

어원 over「과대한」+ estimate「평가하다」
통 과대평가하다, 과대하게 견적을 뽑다
underestimate 통 과소평가하다, 적게 견적을 뽑다

He's always **overestimating** his ability.
그는 언제나 자신의 능력을 과대평가한다.

---

esteem
[istí:m]

어원 라틴어 aestimare(= value)에서 유래 ○ (가치 있고 소중하게 생각하다)
통 존중하다, 생각하다

His opinion was highly **esteemed** among his colleagues.
그의 의견은 동료들 사이에서 높게 평가됐다.

---

aim
[eim]

어원 ○ (어림잡아 겨냥하다)
통 겨냥하다, 목표로 삼다 명 겨냥, 표적

I didn't mean to hit the bird; I was just **aiming** at the tree.
나는 그 새를 쏘려고 한 게 아니라 나무를 노리고 있었을 뿐입니다.

63 feder, fide (신용)

FBI는 Federal Bureau of Investigation「연방수사국」의 약어이다.

federal
[fédərəl]

어원 feder「신용」+al「형접」 ◎ (믿을 수 있는) ◎ (서로 믿을 수 있는 관계의)
형 연방의, 합중국의
federation 명 연합, 동맹, 연방
confederation 명 연합(국), 동맹(국)

It is against **federal** law to discriminate against someone because of religion.
종교상의 이유로 사람을 차별하는 건 연방법에 위반된다.

confide
[kənfáid]

어원 con「완전히」+fide「신용」 ◎ (완전히 믿다)
동 사실을 털어놓다, 신뢰하다
confident 형 자신 있는, 확신하고 있는
confidence 명 자신, 신뢰

I **confided** to my wife that I had been fired.
나는 아내에게 내가 해고됐다는 사실을 털어놓았다.

confidential
[kànfədénʃəl]

어원 con「완전히」+fide「신용」+tial「형접」 ◎ (전면적으로 믿을 수 있는 사람으로)
형 비밀의, 기밀의, 신뢰할 수 있는

What I'm going to tell you is absolutely **confidential**.
앞으로 내가 당신에게 하는 말은 절대 비밀입니다.

fidelity
[fidéləti]

어원 fedi「신용」+ity「상태」 ◎ (신용하는 것)
명 충성, 성실, 재치

I'm beginning to doubt her **fidelity**.
나는 그녀의 성실함을 의심하기 시작했다.

64 ge(o) (대지)

지오서멀(geothermal)은 「지열(地熱)을 이용한」이라는 뜻이다.

geology
[dʒiálədʒi]

어원 geo「대지」+ logy「학문」
⑲ 지질학
geological ⑲ 지질학의

In **geology** class we studied the rocks and deserts of California.

지질학 수업에서 우리는 캘리포니아의 바위와 사막을 공부했다.

geography
[dʒiágrəfi]

어원 geo「대지」+ graphy「쓰는 것」
⑲ 지리학, 지형
geographic ⑲ 지리학의, 지리적인

He bought a new atlas for his **geography** class.

그는 지리학 수업용으로 새 지도책을 샀다.

geometry
[dʒiámətri]

어원 geo「대지」 metry「측정하는 것」 ◎ (지면을 측정하는 것)
⑲ 기하학
geometric ⑲ 기하학의

You have to study **geometry** to be an architect.

건축기가 되려면 기하학을 공부해야 한다.

geocentric
[dʒiːouséntrik]

어원 geo「대지」+ centra「중심」+ ic「형접」
⑲ 지구 중심의

Ptolemy's model of the universe was **geocentric.**

톨레미(그리스의 천문학자)의 우주 모형은 지구 중심이었다.

65 limi(n) (현관)

리미트(limit)는 집 현관과 밖의 경계를 나타낸다.

off-limits
[ɔ́flímits]

어원 off「떨어져서」+ limit「현관」 ◎ (집 출입구에서 떨어져서)
형 출입금지의

The land is strictly **off-limits** to commercial development.
그 부지는 상업적 개발이 엄격히 제한되어 있다.

eliminate
[ilímənèit]

어원 e「ex 밖에서」+ limin「현관」+ ate「~로 하다」 ◎ (집 밖으로 내쫓다)
동 제외하다, 삭제하다
elimination 명 제외, 삭제

The police **eliminated** the possibility that it could have been an accident.
경찰은 그 일이 사고였을 가능성을 배제했다.

subliminal
[sʌblímənəl]

어원 sub「아래에」+ limin「현관」+ al「형접」 ◎ (대문 아래의)
형 의식 되지 않은, 잠재의식의

He tried to give us the **subliminal** message that he was a man of the people.
그는 자신이 국민의 한 사람이었다는 메시지를 은연중에 심어주려고 했다.

preliminary
[prilímənəri]

어원 pre「앞에」+ limin「현관」+ ary「형접」 ◎ (대문 앞의)
형 서두의, 예비의 명 예비수단, 예비시험

Preliminary tests showed that pollution was very high in the river.
예비검사에서는 강의 오염도가 매우 높았다.

66 leg (법률)

레가시(legacy)는 유언에 따라 분배된 「유산」을 의미한다.

legal
[líːgəl]

어원 leg「법률」+al「형접」◐ (법률의)
형 법률상의, 합법의
illegal 형 비합법의

It isn't **legal** to drive a car without a license.
면허 없이 차를 운전하는 건 위법이다.

legislate
[lédʒislèit]

어원 leg「법률」+late「운반하다」◐ (법률을 가지고 가다)
동 법률을 제정하다
legislature 명 입법부
legislation 명 입법

The government decided to **legislate** against smoking in public places.
정부는 공공장소에서 흡연을 금하는 법률 제정을 결정했다.

allege
[əlédʒ]

어원 al「~쪽으로」+leg「법률」◐ (법률 쪽으로) ◐ (법률로 확실히 하다)
동 단언하다, 제기하다

The police **allege** that he stole the car, but they must go to court to prove it.
경찰은 그가 그 차를 훔쳤다고 단언했으나, 그걸 증명하려면 재판에서 싸워야 한다.

privilege
[prívəlidʒ]

어원 pre「private 개인의」+leg「법률」◐ (한 개인을 위한 법률)
명 특권, 특전
privileged 형 특권이 있는

Education should be a universal right and not a **privilege**.
교육은 특권이 아니라 만인의 권리여야 한다.

67 migra (이동)

미그 전투기를 타면 초음속으로 이동할 수 있다.

migrate
[máigrèit]

어원 migr「이동」+ ate「~로 하다」 ➡ (이사하다)

⑧ 이주하다, 이동하다
migration ⑲ 이주, 이동
migratory ⑱ 이주하다, 이동하다

In September these birds **migrate** south.

9월이 되면 이 새들은 남쪽으로 이동한다.

emigrate
[émǝgrèit]

어원 e「ex 밖에」+ migr「이동」+ ate「~로 하다」 ➡ (나라 밖으로 이주하다)

⑧ (자국에서) 타국으로 이주하다
emigration ⑲ (타국으로의) 이주, 이민, 돈 벌러 외국으로 나가는 것

Millions of Germans **emigrated** from Europe in the nineteenth century.

19세기에 수백만 명의 독일인이 유럽에서 타국으로 이주했다.

immigrate
[ímǝgrèit]

어원 im「안에」+ migr「이동」+ ate「~로 하다」 ➡ (이사하여 들어오다)

⑧ (다른 나라에서) 이주해 오다
immigration ⑲ (타국에서 온) 이주

His family **immigrated** to the United States in 1928.

그의 가족은 1928년에 미국에 이주했다.

immigrant
[ímigrǝnt]

어원 im「안에」+ migr「이동」+ ant「사람」 ➡ (자국에 온 사람)

⑲ (타국에서 온) 이민, 외래 동물, 귀화 식물
emigrant ⑲ (자국에서 타국으로 가는) 이민

My grandparents arrived here as **immigrants** from Russia in 1910.

우리 조부모는 1910년에 러시아에서 여기로 이민 왔다.

68 mod, mode (척도, 틀)

model(모델)은 틀에 맞는 「모범」, mode(모드)는 「유행」을 의미하며, mode의 형용사는 modern「근대적인」이며, 집을 다시 꾸미는 것은 remodel이라 한다.

---

modest
[mɑ́dist]

어원 mod「척도」+ est「형접」 ◯ (틀에 맞춘)
⟨형⟩ 내세우지 않은, 겸손한, 적당한
modesty ⟨명⟩ 겸손, 적당함

Although he is an outstanding scientist, he's a **modest** man.
그는 저명한 과학자지만, 겸손한 남자이다.

---

moderate
[mɑ́dərit]

어원 mode「척도」+ ate「~로 하다」 ◯ (척도로 조절된)
⟨형⟩ 적당한, 온화한 ⟨동⟩ 적당하게 하다
moderation ⟨명⟩ 적당함, 중용
modify ⟨동⟩ 수정하다, 변경하다

The company was of **moderate** size, with about 50 employees.
그 회사는 약 50명의 종업원을 거느린 적당한 크기였다.

---

commodity
[kəmɑ́dəti]

어원 com「함께」+ mod「척도」+ ity「명접」 ◯ (척도가 같은 상태) ◯ (편리한 것)
⟨명⟩ 상품, 일용품, 판매상품

The goal is to raise the productivity of basic food **commodities**.
목표는 기본 식료품의 생산성을 높이는 것이다.

---

accommodate
[əkɑ́mədèit]

어원 ac「~쪽으로」+ com「함께」+ mod「틀」+ ate「~로 하다」 ◯ (같은 틀로 하다)
⟨동⟩ 수용하다, 편의를 도모하다, 맞추다
accommodation ⟨명⟩ 수용 (숙박) 시설, 적응

The new dormitory will be able to **accommodate** an additional 200 students.
새로운 기숙사는 200명의 학생을 추가로 수용할 수 있을 것이다.

69 ord (순서, 명령)

감독의 지시로 타순을 정하는 것을 배팅 오더(order)라고 한다.

---

orderly
[ɔ́:rdərli]

어원 order「순서」+ ly「형접」 ◑ (순서대로)
형 정연한, 정돈된, 질서가 있는

It was an **orderly** demonstration and there were no arrests.
그건 질서정연한 데모였으므로, 체포된 사람은 한 명도 없었다.

---

coordinate
[kouɔ́:rdənèit]

어원 co「함께」+ ord「명령」+ ate「~로 하다」 ◑ (서로 명령하다)
통 조직적으로 움직이다, 대등하게 하다, 협조시키다
형 동등의 명 동등한 사람(물건)

We need to **coordinate** our efforts to help the homeless.
우리는 노숙자 구제 노력을 조직적으로 할 필요가 있다.

---

ordain
[ɔ:rdéin]

어원 ord「명령」+ ain「만들다」 ◑ (신이 명령한)
통 (법률로) 정하다, 명령하다, 임명하다
ordinance 명 법령, 조례, 포고

His death was **ordained** by fate.
그의 죽음은 운명으로 정해져 있었다.

---

ordeal
[ɔ:rdí:l]

어원 ◑ (신에 의한 명령)
명 힘든 시련

His treatment for cancer was quite an **ordeal**.
그의 암 치료는 꽤나 힘든 시련이었다.

★ order : 순서, 명령 ★ ordinary : 보통의 ★ extraordinary : extra「밖에」→ 엄청난
★ subordinate : sub「아래에」→ 하위의

70 preci, praise (가치, 보수)

가격(price)은 상품에 주어진 가치, 상품(prize)은 결과에 대한 보수를 가리킨다.

precious
[préʃəs]

어원 preci「가치」+ous「형접」○ (가치 있는)

형 귀중한, 소중한, 값비싼

Clean water is a **precious** commodity in many parts of the world.
깨끗한 물은 세계의 많은 곳에서 귀중한 상품이다.

praise
[preiz]

어원 praise「가치」○ (가치를 주다)

동 칭찬하다 명 칭찬하는 것, 칭찬

My parents always **praised** me when I did well at school.
부모님은 학교 성적이 좋을 때는 언제나 나를 칭찬해 주셨다.

appreciate
[əprí:ʃièit]

어원 ap「~쪽으로」+preci「가치」+ate「~로 하다」○ (가치가 있는 것으로 본다)

동 가치가 오르다, 가치를 올리다, 올바르게 평가하다, 감사하다
appreciation 명 바르게 평가하는 것, 감상, 감사

The value of our house has **appreciated** by 50% in the last two years.
우리 집의 가치는 최근 2년간 50% 올랐다.

depreciate
[diprí:ʃièit]

어원 de「아래에」+preci「가치」+ate「~로 하다」

동 가치가 내려가다, 가치를 내리다
depreciation 명 가치 하락

Our car **depreciated** by $1,000 in the first year we owned it.
우리 자동차는 소유한 첫 해에 1,000달러나 가치가 하락했다.

71 radi, radi(o), ray (광선, 열)

라디에이터(radiator)는 난방기이며, 라듐(radium)은 방사성 금속원소를 지칭한다.

radiate
[réidièit]

어원 radi「광선」+ ate「~로 하다」
동 발하다, 빛나다, 방사하다
radiation 명 방사, 복사열
radiant 형 찬란한

The old and faded lights **radiated** a feeble glow upon the walls.
오래된 낡은 전등이 벽에 희미한 빛을 발하고 있었다.

radioactive
[rèidiouǽktiv]

어원 radio「광선」+ active「활동적인」
형 방사선이 있는, 방사선의
radioactivity 명 방사능

Uranium is a **radioactive** material.
우라늄은 방사선 물질이다.

radial
[réidiəl]

어원 radi「광선」+ al「형접」
형 광선의, 방사 모양의, 반경의

First, the spider lays down a strong **radial** framework for the web.
먼저 거미는 집을 짓기 위해 강력한 방사선 모양의 틀을 만든다.

radius
[réidiəs]

어원 ○ (중심에서 광선이 도착하는 범위)
명 반경, 구역, 범위

The moon has a **radius** of approximately 1,737 kilometers.
달의 반지름은 약 1,737킬로미터이다.

72 re(g), roy (왕, 지배)

흔히 왕실을 로열패밀리라고 부른다.

royalty
[rɔ́iəlti]

어원 roy「왕」+ al「형접」+ ty「명접」 ○ (왕이란 것, 왕에게 주는 것)
명 왕위, 왕가의 사람, 인세
royal 형 국왕의, 호화로운

Her **royalties** for the book will go to charity.
그녀의 책 인세는 자선 사업에 쓰일 것이다.

regal
[ríɡəl]

어원 ○ (왕과 같은)
형 위엄 있는, 국왕의, 당당한
regalia 명 왕의 상징, 예복

She is depicted as **regal**, beautiful, and smart.
그녀는 위엄 있고, 아름답고, 현명한 사람으로 그려져 있다.

realm
[relm]

어원 ○ (왕이 지배하는 것)
명 영토, 왕국, 영역

This is not really within the **realms** of my experience.
이는 실제 내 경험 영역 내의 일이 아니다.

regicide
[réʤəsàid]

어원 reg「왕」+ cide「자르다」 ○ (왕을 죽이는 것)
명 대역죄, 국왕 살해

The populists resorted to conspiracy, terror and **regicide**.
인민당원들은 음모, 공포, 대역죄를 호소했다

73 reg, roy (왕, 지배)

레귤러(regular)는 왕이 정한 척도에서 「일정한, 규칙적인」이란 의미이다. 또 스포츠 팀에서 후보선수가 아닌 고정적으로 출전하는 선수를 말한다.

regulate
[régjəlèit]

어원 reg「지배」+ate「~로 하다」 ○ (왕이 법률로 정하다)

통 규제하다, 통제하다
regulation 명 규제, 규칙
regular 형 규칙적인, 정기적인
irregular 형 불규칙적인, 부정기적인

The proposal seeks to change the way the airline industry is **regulated**.
그 제안은 항공 산업의 규제 방안의 변경을 추구한다.

reign
[rein]

어원 ○ (왕이 지배하는 것)

통 군림하다, 지배하다 명 군림, 통치기간

He **reigned** as the number one tennis player in the country.
그는 그 나라의 넘버원 테니스 선수로 군림했다.

region
[ríːdʒən]

어원 reg「지배」+ion「명접」 ○ (왕이 지배하는 것)

명 지방, 지역, 행정구

Wages varied from **region** to region.
급여는 지역마다 달랐다.

regime
[reiʒíːm]

어원 ○ (왕이 지배하는 것)

명 정권, 제도
regiment 명 연대(聯隊), 다수 통 조직화하다

Investors will benefit from recent changes in the tax **regime**.
투자가들은 세금제도가 최근에 바뀌어 이익을 얻을 것이다.

74 temper (조절)

급성전염병 = 디스템퍼(distemper)로 몸의 컨디션이 좋지 않다.

---

distemper
[distémpər]

어원 dis「떨어져서」+ temper「조절」 ◯ (조절된 상태에서 떨어져서)
(명) 디스템퍼(개, 토끼의 급성전염병)

My dog had distemper, but is OK now.
우리 개는 전염병에 걸렸지만, 지금은 괜찮아요.

---

temper
[témpər]

어원 ◯ (바깥세상의 상황에 맞추어 적절하게 조절된 것)
(명) 기분, 기질, 노여움, 침착

He's not a bad man, but he has a violent temper.
그는 나쁜 사람은 아니지만, 성질이 과격하다.

---

temperature
[témpərətʃər]

어원 ◯ (바깥세상의 상황에 맞추어 적절하게 조절된 것)
(명) 체온, 온도

You feel very hot — let me take your temperature.
열이 높네요. 체온을 재야겠어요.

---

temperate
[témpərit]

어원 temper「조절하다」+ ate「형접」◯ (바깥세상의 상황에 맞추어 적절하게 조절된 것)
(형) 절도 있는, 온화한
temperament (명) 기질, 과격한 성질
temperance (명) 절제, 금주, 금연

I'd like to live in a temperate climate.
온화한 지방에서 생활하고 싶다.

75 terr (토지)

개의 오줌은 테러토리(territory, 자기 영역)의 표시이며, terrace「대지(臺地)」는 불거져 나온 토지에서 「집 테라스나 베란다」의 의미이다. ET「지구 밖 생물」= extraterrestrial

territory
[térətɔ̀:ri]

어원 terr「토지」+ory「장소」 ◎ (자기 토지가 있는 곳)
명 영토, 영역, 속령
territorial 형 영토의, 지역의

The island of Guam is a **territory** of the U.S.A.
괌 섬은 미국의 속령이다.

terrain
[təréin]

어원 terr「토지」+ain「장소」
명 (지리, 군사상에서 본) 지역, 지형

The **terrain** on the island varies quite a bit.
섬의 지형은 상당히 다양하다.

Mediterranean
[mèdətəréiniən]

어원 medi「사이의」+terr「토지」+ean「형접」 ◎ (육지와 육지 사이의)
형 지중해의 명 (the Mediterranean) 지중해
subterranean 형 지하의 명 지하에서 사는 사람, 지하실

We enjoyed a cruise along the **Mediterranean** coast.
우리는 지중해 해안을 따라 항해를 즐겼다.

terrestrial
[təréstriəl]

어원 terr「토지」+al「형접」
형 지구(상)의, 육지의
extraterrestrial 형 지구 밖의 명 지구 밖 생물

I bought my son a **terrestrial** globe.
나는 아들에게 지구의를 사줬다.

76 us(e), uti, ute (사용)

usual은 사용하고 있는 「평상시의 것」을 지칭하며, 유틸리티 룸(utility room)은 주부가 항상 사용하는 세탁, 다리미질 등을 하는 작업방을 말한다.

---

utilize
[jú:tilàiz]

어원 uti「사용하다」+ ize「~로 하다」 ◎ (유용하게 하다)
통 이용하다, 활용하다
utility **명** 유익, 실용성, (복수형으로) 실용품, 공공시설

The old fire station could be utilized as a theater.
그 낡은 소방서는 극장으로 이용할 수 있을 것이다.

---

abuse
[əbjú:z]

어원 ab「떨어져서」+ use「사용」 ◎ (본래 목적과는 멀어져서 사용하다)
통 악용하다, 범용하다, 학대하다
명 악용, 남용, 험담, 학대

She is always abusing her position by getting other people to do things for her.
그녀는 항상 자기 지위를 남용해서 다른 사람에게 여러 가지 일을 시킨다.

---

usurp
[juzə́:rp]

어원 us「사용하다」+ rp「rape 억지로 빼앗다」 ◎ (억지로 빼앗아 사용하다)
통 빼앗다, 침해하다
usurpation **명** 강탈, 횡령

He attempted to usurp the principal's authority.
그는 교장선생님의 권위를 침해하려고 했다.

---

utensil
[juténsəl]

어원 ◎ (사용에 적절한 것)
명 (가정의) 용구, 기구, 도구

Peter found the potato peeler in a drawer full of utensils.
피터는 용구가 많이 들어 있는 서랍에서 감자 껍질 벗기는 도구를 찾았다.

77 ver, veri (진실)

very의 원래 의미는 「성실한, 진실의」이며, 진심에서 우러나서 고맙다는 표현은 Thank you very much.라고 한다.

verdict
[və́:rdikt]

어원 ver「진실」+dict「말하다」 ▶ (진실을 말하는 것)
(배심원이 내는) 평결, 의견, 판단

The jury reached a unanimous **verdict** of guilty.
배심원은 전원 일치로 유죄 평결을 내렸다.

verify
[vérəfài]

어원 veri「진실」+fy「~로 하다」 ▶ (진실로 만들다)
[통] 사실이란 것을 증명하다, 확인하다
verification [명] 증명, 입증

Are you able to **verify** your theory?
당신의 이론을 증명할 수 있습니까?

veritable
[véritəbəl]

[명] veri「진실」+able「형접」
[형] 실제의, 정말의, 틀림없는

The police got a **veritable** account of the accident from witnesses.
경찰은 여러 명의 목격자로부터 그 사건의 실제 얘기를 입수했다.

aver
[əvə́:r]

어원 a「~쪽으로」+ver「진실」 ▶ (진실을 향해)
[통] (진실이라고) 단언하다

She **averred** that he was guilty.
그녀는 그가 유죄라는 걸 단언했다.

귀가 솔깃해지는 영단어 4

1 인터넷 익스플로러(Internet Explorer)의 plore는 「외치다」라는 말
- □ explore 「탐험하다, 조사하다」 (밖을 향해 소리를 지르는 것)
- □ deplore 「유감으로 생각하다」 (완전히 울부짖는 것)
- □ implore 「탄원하다, 간청하다」 (위를 보고 울부짖는 것)

2 레이프(rape)의 원래 뜻은 「갑자기 잡는 것」
- □ rapid 「급속한」
- □ rapt 「열중하다」 (마음을 갑자기 빼앗겨 버리는 것)
- □ rapture 「기뻐서 어쩔 줄을 모름」 「열중하다」
- □ ravage 「파괴(행위), 파괴하다」
- □ ravish 「황홀하게 하다」 (마음을 갑자기 빼앗는 것)

3 에스닉(ethnic) 요리는 민족이 습관적으로 먹는 것
- □ ethnic 「민족의」
- □ ethics 「윤리학」
- □ ethical 「도덕적인」
- □ ethnology 「민족학」

4 세계 공통어 에스페란토(Esperanto)는 폴란드의 자멘호프 의사의 필명으로 「희망하는 사람」이라는 뜻
- □ prosper 「번영하다, 성공하다」 (희망을 향해 가다)
- □ despair 「절망」 (희망에서 멀어져 있는 것)
- □ desperate 「절망적인, 필사적인」 「절망」

You
can
do
it!

Chapter
5

동사적 의미를 가진 어근으로
유추하는 영단어 (1)

Incubating Etymology EUREKA VOCA

78 cit (움직이다, 불러내다)

익사이트(excite)하다는 말은 감정을 불러일으켜 밖으로 드러내는 것을 뜻한다.

---

cite
[sait]

어원 ○ (참고 논문에서 꺼내다, 기억을 불러내다)
통 예로 들다, 인용하다
citation 명 인용(구), 교통위반딱지

He **cited** Shakespeare in his article.
그는 기사에 셰익스피어를 인용했다.

---

incite
[insáit]

어원 in「안에」 + cit「불러내다」 ○ (사람 마음에 불러일으키게 하다)
통 격려하다, 자극하다
incitation 명 자극

They denied **inciting** the crowd to violence.
그들은 군중을 자극해서 폭력을 일으킨 것을 부정했다.

---

recite
[risáit]

어원 re「다시」 + cit「불러내다」 ○ (기억하고 있는 것을 불러내다)
통 암송하다, 상세하게 얘기하다
recital 명 독주회, 낭독
recitation 명 암송, 설명

Everyone in this class has to **recite** this poem.
이 반 모두가 이 시를 암송해야 한다.

---

solicit
[səlísit]

어원 sol「전체」 + cit「움직이게 하다」 ○ (전체를 흔들어 움직이게 하다)
통 강하게 원하다, 탄원하다, (매춘부가 손님을) 끌다
solicitor 명 (자선 기부금 등의) 청원자, 사무변호사 (영국)

He **solicited** contributions from us.
그는 우리에게 기부를 간청했다.

79 clam, claim (외치다)

느낌표(!)는 익스클러메이션 마크(exclamation mark)라고 부른다.

reclaim
[rikléim]

어원 re「다시」+claim「외치다」 ◎ (다시 한 번 사용하라고 외치다)

통 되찾다, 재활용하다, 메우다 명 매립, 재활용

You had better go to the police station to **reclaim** your purse.

지갑을 되찾으려면 경찰서에 가는 게 좋아.

acclaim
[əkléim]

어원 ac「~쪽으로」+claim「외치다」 ◎ (~쪽을 향해 외치다)

통 ~에 갈채를 보내다, 박수갈채를 보내다

The work was **acclaimed** as a masterpiece.

그 작품은 걸작으로 박수갈채를 받았다.

disclaim
[dìskléim]

어원 dis「~가 아니다」+claim「외치다」 ◎ (~가 아니라고 외치다)

통 부인하다, 포기하다

They **disclaimed** all responsibility for the explosion.

그들은 그 폭발의 책임을 모두 부인했다.

declaim
[dikléim]

어원 de「완전히」+claim「외치다」 ◎ (열심히 외치다)

통 열변을 토하다, 낭독하다

I **declaimed** against the evils of alcohol.

나는 알코올의 나쁜 점에 대해 열변을 토했다.

★ claim : 요구(하다) ★ clamor : 소동 ★ exclaim : ex「밖에」 → 외치다
★ proclaim : pro「앞에」 → 선언하다

80 clud (닫다)

폐쇄된 지역에 사는 쿠르드족(터키, 이라크, 이란에 걸쳐 사는 산악민족으로 인구는 약 2800만 정도)

conclude
[kənklúːd]

어원 con「함께」 + clude「닫다」 ◑ (같이 닫고 끝내다)
통 끝내다, 결론을 내다
conclusion 명 결론, 끝, 결과
conclusive 형 결론적인, 결정적인

They **concluded** that the plan was the best.
그들은 그 계획이 최상이라는 결론을 내렸다.

exclude
[iksklúːd]

어원 ex「밖에」 + clude「닫다」 ◑ (밖으로 쫓아내다)
통 쫓아내다, 배제하다
exclusion 명 제외, 배제
exclusive 형 배타적인, 독점적인

The government decided to **exclude** foreign ships from the port.
정부는 그 항구에서 외국배를 쫓아내기로 결정했다.

include
[inklúːd]

어원 in「안에」 + clude「닫다」 ◑ (안에 들어간 채로 닫다)
통 포함하다
inclusive 형 포함된, 포괄적인

The hotel charge **includes** breakfast and dinner.
호텔 요금에는 아침식사와 저녁식사가 포함돼 있다.

secluded
[siklúːdid]

어원 se「떨어져서」 + clude「닫다」 + ed「형접」 ◑ (떨어진 곳에 갇힌)
형 사람들 눈에 띄지 않는, 세상에서 떨어진
seclusive 형 틀어박혀 있기 좋아하는

We drove to a **secluded** spot in the country and had a lovely picnic.
우리는 자동차로 시골의 한적한 곳에 가서 즐겁게 도시락을 먹었다.

81 cuss, quash (치다)

퍼쿠션(percussion)은 타악기이고, 레몬스쿼시(lemon squash)는 레몬을 꼭 짜서 만든 음료수를 뜻한다.

squash
[skwɑʃ]

어원 s「ex 심하게」+ quash「치다」
통 짓누르다, 진압하다 명 물건이 부서지는 소리, 스쿼시 《영국》
quash 통 누르다, 진압하다

Squash your cans flat before recycling.
재활용으로 내놓기 전에 캔을 납작하게 찌그러뜨려라.

discuss
[diskʌ́s]

어원 dis「떨어져서」+ cuss「치다」 ➡ (상대를 때려서 멀리하다)
통 토론하다
discussion 명 토론

We **discussed** the issue late into the night.
우리는 밤늦게까지 그 문제를 토론했다.

repercussion
[rìːpərkʌ́ʃən]

어원 re「다시」+ per「완전히」+ cuss「치다」+ ion「명접」 ➡ (완전히 되받아
치는 것)
명 반향, 반동

The collapse of the company had **repercussions** for the whole industry.
그 회사의 붕괴는 산업계 전체에 반향을 불러일으켰다.

concuss
[kənkʌ́s]

어원 con「완전히」+ cuss「치다」 ➡ (완전히 머리를 치다)
통 심하게 흔들다, 뇌진탕을 일으키게 하다
concussion 명 격심한 진동, 뇌진탕

I was **concussed** after being thrown from the horse.
나는 말에서 떨어진 후에 뇌진탕을 일으켰다.

82 duct, duce (이끌다)

베이직북스 출판사는 베스트셀러 프로덕션(production)이라고 알려져 있다.

abduct
[æbdʌ́kt]

어원 ab「떨어져서」+ duct「이끌다」 ◑ (~에서 끌어내다)
(동) 유괴하다, 납치하다
abduction (명) 유괴, 납치

She was **abducted** on her way home from school.
그녀는 학교에서 집으로 돌아오는 도중에 납치되었다.

induce
[indjúːs]

어원 in「안에」+ duce「이끌다」 ◑ (~속으로 끌어넣다)
(동) ~하도록 유도하다, 불러일으키다

Nothing could **induce** me to climb a mountain.
무슨 일이 있어도 나는 등산할 기분이 나지 않습니다.

deduce
[didjúːs]

어원 de「아래에」+ duce「이끌다」 ◑ (아래로 이끌다)
(동) (이미 알고 있는 사실에서) 추론하다, 연역하다

What did Darwin **deduce** from the presence of these species?
다윈은 이들 종이 존재한다는 것에서 무엇을 추론했을까?

conducive
[kəndjúːsiv]

어원 con「함께」+ duc「이끌다」+ ive「형접」 ◑ (같이 이끌다)
(형) ~에 공헌하다, 재촉하다

This is a more **conducive** atmosphere for studying.
이쪽이 더 공부하고 싶어지는 분위기다.

★ conduct : con「함께」 → 지휘하다   ★ deduct : de「아래에」 → 빼다   ★ induct : in「안에」 → 입회시키다
★ product : pro「앞에」 → 제품   ★ produce : pro「앞에」 → 생산하다
★ introduce : intro「안에」 → 소개하다   ★ reduce : re「원래로」 → 줄이다
★ educate : e「ex 밖에」 → 교육하다

83 ject (던지다)

프로젝트(project)는 많은 사람들에게 던져진 사업계획을 뜻한다.

inject
[indʒékt]

어원 in「안에」+ ject「던지다」 ◎ (몸 안으로 던지다)

⑧ 주사하다, ~을 주입하다
injection ⑲ 주사

My mother is a diabetic and has to **inject** herself with insulin every day.
어머니는 당뇨병으로 매일 스스로 인슐린 주사를 놓아야 한다.

abject
[ǽbdʒekt]

어원 ab「떨어져서」+ ject「던지다」 ◎ (내던져져 버려진)

⑲ 내버려진, 비참한

This policy has turned out to be an **abject** failure.
이 정책은 비참한 실패로 끝났다.

adjective
[ǽdʒiktiv]

어원 ad「떨어져서」+ ject「던지다」+ ive「형접」 ◎ (명사 쪽으로 던져진)

⑲ 형용사 ⑲ 형용사의

The word "big" in "a big house" is an **adjective**.
'커다란 집'의 '커다란'은 형용사다.

dejected
[didʒéktid]

어원 de「아래에」+ ject「던지다」+ ed「형접」 ◎ (마음이 아래로 던져진)

⑲ 낙담한, 풀 죽은
dejection ⑲ 낙담
deject ⑧ 낙담시키다

They sat in silence, looking tired and **dejected**.
그들은 피곤해서 낙담한 표정으로 묵묵히 앉아 있었다.

★ project : pro「앞에」 → 계획, 비추다 ★ subject : sub「아래에」 → 복종시키다, 국민

84 ject (던지다)

SVO 문형에서 O(object, 목적어)는 동사에게 던진 것을 의미한다.

conjecture
[kəndʒéktʃər]

어원 con「함께」+ ject「던지다」+ ure「명접」 ◐ (모두 같이 던지다) ◐ (마권에 돈을 던지다)
[통] 추측하다, 추량하다 [명] 추측, 추량

He **conjectured** that the company would soon be in financial difficulties.
그는 그 회사가 곧 재정 곤란에 빠지리라고 판단했다.

object
[əbdʒékt]

어원 ob「대해서」+ ject「던지다」 ◐ (~에 내던지다)
[통] 반대하다 [명] 대상, 물체, 목표
objection [명] 반대, 의의

Many people **object** to the death penalty.
많은 사람이 사형에 반대한다.

objective
[əbdʒéktiv]

어원 ob「대해」+ ject「던지다」+ ive「형접」 ◐ (~에 던져진)
[명] 목표, 목적 [형] 목적의, 객관적인

I'm not sure that I understand the **objective** of this exercise.
이 운동의 목적을 이해한다고 확신할 수 없습니다.

interject
[ìntərdʒékt]

어원 inter「사이에」+ ject「던지다」 ◐ (던져 넣다)
[통] 불쑥 던져 넣다, 끼워 넣다
interjection [명] 감탄사, 갑자기 지르는 소리

"That's ridiculous!" she **interjected**.
"그런 바보 같은 짓!"이라며 그녀가 끼어들었다.

85 lapse (미끄러지다)

collapse는 함께(col) 미끄러지면서 「붕괴하다」라는 것을 의미한다.

collapse
[kəlǽps]

어원 col「함께」 + lapse「미끄러지다」 ○ (같이 미끄러져 떨어지다)
통 붕괴하다, 쇠약하다 명 붕괴, 쇠약
collapsible 형 접을 수 있는

The chair **collapsed** under his weight.
그의 체중으로 그 의자가 부서졌다.

lapse
[lǽps]

어원 ○ (미끄러져 옆길로 빠지다)
명 타락, 과실, 경과 통 타락하다, 빠지다

She turned up again after a **lapse** of five years.
그녀는 5년이 지나서 다시 나타났다.

relapse
[rilǽps]

어원 re「뒤로」 + lapse「미끄러지다」
명 되돌아감, 재발, 타락 통 되돌아가다, 재발하다, 타락하다

Relapses are common among some recovering alcoholics.
회복중인 알코올 중독자 중에는 재발하는 사람이 많다.

elapse
[ilǽps]

어원 e「ex 밖에」 + lapse「미끄러지다」 ○ (미끄러져 떨어지다)
통 시간이 경과하다 명 시간의 경과

Ten years have **elapsed** since he graduated from college.
그가 대학을 졸업한 지 10년이 지났다.

86 mitt, miss (보내다, 던지다)

약속 = 프라미스(promise)는 말(언어)을 앞으로 보내어 표출한 것을 뜻한다.

---

omit
[oumít]

어원 o「ob 반대로」+ mit「보내다」 ⊙ (보내지 않는다)

툉 생략하다, 게을리하다

omission 명 생략, 태만

I'd be upset if my name were **omitted** from the list of contributors.
만약 기부자 명단에서 내 이름이 빠져 있다면 나는 당황스러웠을 것이다.

---

emit
[imít]

어원 e「ex 밖에」+ mit「보내다」 ⊙ (내보내다)

툉 방출하다, 방사하다

emission 명 발생, 방사

The alarm **emits** a high-pitched sound if anyone tries to break in.
누군가 침입하려고 하면, 경보기가 고음의 소리를 낸다.

---

commit
[kəmít]

어원 com「완전히」+ mit「보내다」 ⊙ (~쪽으로 완전히 보내다)

툉 위임하다, 맹세하다, (부정행위를) 범하다, 관여하다

commission 명 위임, 명령, 위원회

commitment 명 계약, 약속, 헌신

More and more young people **commit** crimes these days.
요즘은 범죄를 저지르는 젊은이들의 숫자가 늘어나고 있다.

---

intermittent
[ìntərmítənt]

어원 inter「사이에」+ mit「보내다」+ ent「형접」 ⊙ (간격을 두고 보내다)

형 간헐적인, 일시적으로 멈추는

intermission 명 중단, 휴식시간

We had **intermittent** rainfall yesterday.
어제는 간헐적으로 비가 내렸다.

★ dismiss : dis「떨어져서」→ 해고하다 ★ mission : 사절단 ★ admit :「~쪽으로」→ 인정하다 ★ permit : per「통해서」→ 용서하다 ★ submit : sub「아래에」→ 복종시키다 ★ transmit : trans「넘어서」→ 보내다

87 port (운반하다)

스포츠(sport)는 disport의 di가 소실된 형태로 「일에서 떨어지다」, 즉 「기분전환」이 본래 의미이다.

disport
[dispɔ́:rt]

어원 dis「떨어져서」 + port「운반하다」 ○ (일에서 떨어지다)

⑧ 즐기다, 즐겁게 놀다

The kids **disported** themselves playing hide-and-seek.
아이들은 숨바꼭질을 하면서 즐겁게 놀았다.

deport
[dipɔ́:rt]

어원 de「떨어져서」 + port「운반하다」 ○ (나라에서 먼 곳으로 운반하다)

⑧ (국외로) 추방하다
deportation ⑲ 국외추방

The refugees were **deported** back to their country.
난민들은 자국으로 추방됐다.

purport
[pərpɔ́:rt]

어원 pur「pro 앞에」 + port「운반하다」 ○ (앞으로 가져가다) ○ (사람 앞에 가서 의사를 전하다)

⑧ (거짓으로) ～이라고 일컫다, 의미하다 ⑲ 취지, 의미

The photograph **purports** to show American pilots missing in Vietnam.
그 사진에는 베트남에서 행방불명이 된 미국인 조종사가 찍혀있다고 주장된다.

comport
[kəmpɔ́:rt]

어원 com「함께」 + port「운반하다」 ○ (자기 몸을 운반하다)

⑧ 행동하다, 조화하다

The findings of this research do not **comport** with accepted theory.
이 조사에서 밝혀진 것은 정설과 맞지 않다.

★ import : im「안에」 → 수입하다 ★ export : ex「밖에」 → 수출하다 ★ support : sup「아래에」 → 지원하다
★ transport : trans「넘어서」 → 운송하다 ★ opportunity : 기회

88 put (생각하다)

컴퓨터(computer)는 함께 생각하는 물건이라는 뜻이다.

repute
[ripjúːt]

어원 re「다시」+ pute「생각하다」
통 (확실하지 않지만) ~라고 생각하다, 평하다 명 세평, 명성
reputation 명 평판, 호평

She is **reputed** to be 25 years younger than her husband.
그녀는 남편보다 25세나 젊다고 한다.

dispute
[dispjúːt]

어원 dis「떨어져서」+ pute「생각하다」 ⊙ (다른 사람과 반대의 것을 생각하다)
통 반론하다, 토론하다 명 토론

The circumstances of her death have been hotly **disputed**.
그녀가 죽은 경위가 뜨겁게 토론되고 있다.

impute
[impjúːt]

어원 im「안에」+ pute「생각하다」 ⊙ (원인이 ~안에 있다고 생각하다)
통 ~에 돌아가다, 죄를 입히다
imputation 명 (과실, 죄를) 전가, 오명

They **imputed** the error to the lawyer who was handling her case.
그들은 그 과실이 그녀의 재판을 맡고 있는 변호사에게 있다고 했다.

deputy
[dépjəti]

어원 de「아래에」+ put「생각하다」+ y「명접」 ⊙ (속으로 생각하는 것) ⊙ (대신
생각하는 것)
형 대리의 명 대리(인)
depute 통 대리를 명하다

She's a **deputy** head of this high school.
그녀는 이 고등학교의 교감선생님이다.

89 quire, quisit (구하다)

퀴즈(quiz)는 대답을 구하는 질문이나 테스트를 의미한다.

acquire
[əkwáiər]

어원 ac「~쪽으로」 + quire「구하다」 ◑ (찾아서 얻는다)
동 획득하다, 몸에 익히다
acquisition 명 획득, 취득
acquirement 명 (지식 등의) 습득

During this period he **acquired** a reputation for being a womanizer.
이 기간 동안 그는 바람둥이라는 평판을 얻었다.

require
[rikwáiər]

어원 re「다시」 + quire「구하다」 ◑ (몇 번이고 간절하게 원하다)
동 필요로 하다, 요구하다
requisite 형 필요한, 빠뜨릴 수 없는 명 필수품, 필요조건

Please telephone this number if you **require** any further information.
정보가 더 필요하면 여기로 전화해 주십시오.

inquire
[inkwáiər]

어원 in「안에」 + quire「구하다」 ◑ (안으로 들어가 원하는 것을 찾다)
동 묻다, 문의하다, 조사하다
inquiry 명 질문, 취조

Shall I **inquire** about the price of tickets?
티켓 가격을 문의해 볼까요?

exquisite
[ikskwízit]

어원 ex「밖에」 + qui「구하다」 + ite「형접」 ◑ (밖에 나가서 찾아낸 훌륭한 것)
형 더할 나위 없이 훌륭한, 절묘한

Look at this **exquisite** painting.
더없이 훌륭한 이 그림을 보세요.

90 scrib(e) (쓰다)

편지에 쓰는 추신 = PS는 postscript(나중에 쓰다)라는 의미에서 나왔다.

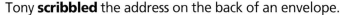

scribble
[skríbl]

어원 scrib「쓰다」+ble「반복」 ● (몇 번이고 계속 쓰다)
통 낙서하다, 갈겨쓰다
명 낙서, 갈겨쓴 것

Tony **scribbled** the address on the back of an envelope.
토니는 봉투 뒷면에 주소를 갈겨썼다.

describe
[diskráib]

어원 de「아래에」+scribe「쓰다」
통 기술하다, 묘사하다, 말하다
description 명 기술, 묘사
descriptive 형 기술적인, 묘사적인

I don't think that's quite the word to **describe** my feelings.
그게 제 마음을 나타내는 말이라고는 생각지 않습니다.

prescribe
[priskráib]

어원 pre「앞에」+scribe「쓰다」 ● (미리 써두다) ● (의사가 환자에게 내주기 전에 쓴다)
통 처방하다, 명령하다
prescription 명 처방, 명령

The drug should not be taken unless **prescribed** by a doctor.
약은 의사의 처방없이 먹어서는 안 된다.

subscribe
[səbskráib]

어원 sub「아래에」+scribe「쓰다」 ● (문서 아래에 이름을 쓴다)
통 구독하다, 기부하다, 동의하다, 신청하다
subscription 명 기부(금), 예약(구독), 서명

We **subscribe** to all the main medical journals.
우리는 주요 의학 잡지는 모두 구독하고 있다.

91 ser(t) (묶다, 잇다)

시리즈(series)는 하나로 서로 이어진 것을 말한다.

---

assert
[əsə́:rt]

어원 as「∼쪽으로」+ sert「잇다」 ⊙ (자기와 연결하다) ⊙ (피고의 어깨에 손을 얹고
변호하다)
图 주장하다, 단언하다
assertive 图 독단적인, 단정적인
assertion 图 주장, 단언

He **asserted** his innocence.
그는 무죄를 주장했다.

---

desert
[dizə́:rt]

어원 de「떨어져서」+ sert「묶다」 ⊙ (묶은 상태에서 떨어져서) ⊙ (잘라버리다)
图 버리다, 탈주하다 图 사막
deserted 图 사람이 살지 않는

The birds had already **deserted** the nest.
새들은 이미 둥지를 버리고 가버렸다.

---

insert
[insə́:rt]

어원 in「안에」+ sert「묶다」 ⊙ (묶어서 안에 넣다)
图 끼워 넣다, 써넣다
insertion 图 끼워 넣기, 써넣기

Insert the plug into the earphone socket.
플러그를 이어폰 소켓에 꽂으십시오.

---

exert
[igzə́:rt]

어원 ex「밖에」+ ert「묶다」 ⊙ (힘을 합쳐 밖으로 내다)
图 (힘을) 발휘하다, 사용하다, 노력하다
exertion 图 노력

They **exerted** considerable influence within the school.
그들은 학교 내에서 상당한 영향력을 발휘했다.

92 sume, sump (취하다)

소비자 = 컨슈머(consumer)는 「다 써버리는 사람」을 지칭한다.

---

consume
[kənsúːm]

어원 con「완전히」+sume「취하다」 ◐ (완전히 잡아서 다 쓰다)
图 소비하다, 전부 다 먹다(마시다)
consumption 图 소비

Industrialized countries **consume** natural resources in huge quantities.
공업국은 방대한 양의 천연자원을 소비한다.

---

assume
[əsjúːm]

어원 as「~쪽으로」+sume「취하다」 ◐ (사람 쪽으로 태도를 잡다) ◐ (가장
하다) ◐ (증거가 없는데 그렇게 생각하다)
图 생각하다, 꾸미다, 받다
assumption 图 가정, 전제, 취임

I **assumed** that the woman standing next to Jack was his wife.
나는 잭 옆에 서 있는 여자가 그의 아내라고 생각했다.

---

presume
[prizúːm]

어원 pre「앞에」+sume「취하다」 ◐ (미리 취하다)
图 가정하다, 추측하다
presumption 图 측정, 추측, 가능성

From the way he talked, I **presumed** him to be your boss.
그의 말투를 보고 나는 그가 당신의 상사라고 생각했다.

---

resume
[rizúːm]

어원 re「다시」+sume「취하다」
图 다시 시작하다, 되찾다
resumption 图 재개, 회복

Peace talks will **resume** tomorrow.
평화회담은 내일 재개될 것이다.

93 tort (비틀다, 왜곡하다)

토터스(tortoise)는 다리가 비틀어진 바다거북을 뜻하며, 레토르트 식품(retort pouch)은 가열해서 원래 상태로 되돌린 것을 가리킨다.

distort
[distɔ́:rt]

어원 dis「떨어져서」+ tort「비틀다」
동 찌푸리다, 구부리다, 오해하다
distortion 명 왜곡, 찌그러짐

His face was **distorted** with pain.
그의 얼굴은 통증으로 일그러졌다.

retort
[ritɔ́:rt]

어원 re「다시」+ tort「구부리다」
동 반박하다, 보복하다

"That's none of your business," he **retorted**.
'너와는 상관없는 일이야.' 라고 그가 반박했다.

contort
[kəntɔ́:rt]

어원 con「완전히」+ tort「구부리다」 ◯ (완전히 비틀어 구부리다)
동 잡아 비틀다, 찌푸리다
contortion 명 비틀기

His face was **contorted** with rage.
그의 얼굴은 분노로 찌푸려졌다.

extort
[ikstɔ́:rt]

어원 ex「밖에」+ tort「비틀다」 ◯ (비틀어 내다)
동 착취하다, 강탈하다
extortion 명 착취, 강탈

For years the gang **extorted** money from local storekeepers.
몇 년 동안 갱은 지역 가게 주인들로부터 돈을 갈취했었다.

94 tract (끌다)

어트랙션(attraction)으로 주의를 끌거나 매혹하다.

detract
[ditrǽkt]

어원 de「떨어져서」+tract「끌다」 ◑ (~에서 떨어뜨리다)
통 (명성, 가치가) 떨어지다, (주의를) 다른 곳으로 돌리다
detraction 명 비난, 험담

All that make-up she wears actually **detracts** from her beauty.
사실 그녀가 한 저 화장 전부가 그녀의 아름다움을 감소시키고 있다.

extract
[ikstrǽkt]

어원 ex「밖에」+tract「끌다」 ◑ (꺼내다)
통 뽑아내다, 꺼내다, 짜내다 명 발췌, 인용구, 진액
extraction 명 추출, 발취어구, 진액

The oil which is **extracted** from olives is used for cooking.
올리브에서 추출된 기름은 요리용으로 쓰인다.

retract
[ritrǽkt]

어원 re「뒤로」+tract「빼다」 ◑ (되돌리다)
통 쑥 들어가게 하다, 움츠리다, 취소하다
retraction 명 수축, 철회

The wheels **retract** after the aircraft takes off.
비행기는 이륙 후에 바퀴가 쑥 들어간다.

protract
[proutrǽkt]

어원 pro「앞에」+tract「빼다」
통 오래 끌다, 연장하다
protraction 명 연장, 지연

There was a **protracted** silence before she spoke again.
그녀가 다시 말하기 전에 침묵이 계속 됐다.

★ attract : at「~쪽에」 → 주의를 끌다 ★ contract : con「함께」 → 계약
★ distract : dis「떨어져서」 → 다른 데로 돌리다 ★ subtract : sub「아래에」 → 빼다

126

95 trib(ute) (할당하다, 주다)

아프리카에는 여러 tribe(부족)들이 산다.

---

tribute
[tríbjuːt]

어원 ⓞ (tribe「= 부족」에 주어진 것)

명 공물, 선물

Tributes have been pouring in for the famous actor who died yesterday.
어제 사망한 유명 배우에게 보내는 선물이 쇄도하고 있다.

---

attribute
[ətríbjuːt]

어원 at「~쪽으로」+tribute「할당하다」 ⓞ (부족에게 책임을 할당하다)

동 ~의 탓으로 돌리다 명 속성, 성질
attribution 명 귀속, 속성

The doctors have **attributed** the cause of the illness to an unknown virus.
의사들은 그 병의 원인이 알려지지 않은 바이러스 탓이라고 했다.

---

contribute
[kəntríbjuːt]

어원 con「함께」+tribute「주다」 ⓞ (부족이 같이 주다)

동 기여하다, 공헌하다
contribution 명 기여, 공헌

I **contributed** $1,000,000 to the fund.
나는 그 기금에 백만 달러를 기부했다.

---

distribute
[distríbjuːt]

어원 dis「떨어져서」+tribute「주다」 ⓞ (나누어 주다)

동 분배하다, 배포하다, 나눠주다
distribution 명 분배

The books will be **distributed** free to local schools.
책은 지역 학교에 무상으로 배부될 것이다.

96 trude (누르다)

헐값에 나온 물건을 서로 차지하려고 누르고(trude) 밀친다.

---

extrude
[ikstrú:d]

어원 ex「밖에」+ trude「누르다」

통 밀어내다, 쫓아내다

Lava is extruded from the volcano.
용암은 화산에서 밀려나온다.

---

intrude
[intrú:d]

어원 in「안에」+ trude「누르다」 ○ (안으로 밀어 넣는다)

통 억지로 강요하다, 방해하다, 들이닥치다
intrusion 명 강요, 침입

Would I be intruding if I came with you?
제가 함께 가면 방해가 될까요?

---

obtrude
[əbtrú:d]

어원 ob「대해서」+ trude「누르다」

통 강요하다, 나서다, 쑥 내밀다
obtrusive 형 참견하는
obtrusion 명 참견하고 나섬

A turtle obtruded its head from its shell.
거북이가 등딱지에서 얼굴을 내밀었다.

---

protrude
[proutrú:d]

어원 pro「앞에」+ trude「누르다」 ○ (앞으로 내밀다)

통 내밀다, 튀어나오다
protrusion 명 돌출

A rotting branch protruded from the swamp like a ghostly arm.
썩은 나뭇가지가 유령의 팔처럼 늪에서 튀어나왔다.

97 vad, vas, wad (가다)

인베이더(invader)는 침략자 혹은 우주에서 온 침입자를 지칭한다.

---

invade
[invéid]

어원 in「안에」+ vade「가다」 ◎ (안으로 들어가다)
통 침입하다, 침해하다
invasion 명 침입, 침략

Shortly afterwards, Hitler **invaded** Poland.
얼마 안 있어서 히틀러는 폴란드를 침공했다.

---

evade
[ivéid]

어원 e「ex 밖에」+ vade「가다」 ◎ (빗나가다)
통 도망가다, 피하다, 회피하다
evasive 형 회피적인

He was never a person who **evaded** responsibility.
그는 책임을 회피하는 사람이 결코 아니었다.

---

pervade
[pərvéid]

어원 per「통해서」+ vade「가다」 ◎ (널리 퍼지다)
통 널리 퍼지다, 침투하다
pervasive 형 침투하다

The film is a reflection of the violence that **pervades** American culture.
그 영화는 미국 문화에 널리 퍼져 있는 폭력을 반영한다.

---

wade
[weid]

어원 wad「가다」
통 (수중을) 걷다, 고생하여 걷다

The river was full but we managed to **wade** across.
강의 물은 가득했지만, 우리는 그럭저럭 걸어서 건널 수 있었다.

98 vey, vy, view (보다)

마운트 뷰 호텔은 산이 보이는 호텔, 인터뷰(interview)는 안에 들어가 상대를 보는 것을 말한다.

---

review
[rivjú:]

어원 re「다시」+ view「보다」
⑧ 재조사하다, 복습하다, (서적의) 비평을 하다 ⑲ 재조사, 복습, 비평

The committee is **reviewing** the current situation.
위원회는 현재 상황을 재조사하고 있다.

---

preview
[prí:vjù:]

어원 pre「앞에」+ view「보다」 ○ (미리 보는 것)
⑧ 미리 보다 ⑲ 미리보기, 사전 조사, 시사회, 예고편

Journalists will be able to **preview** the exhibition tomorrow.
저널리스트는 내일 전람회를 미리 볼 수 있을 것입니다.

---

envy
[énvi]

어원 en「위에」+ vy「보다」 ○ (상대를 위로 보다)
⑧ 부러워하다, 질투하다 ⑲ 질투, 선망의 대상
envious ⑳ 시기심이 강한, 질투하는

I **envy** her ability to talk to people she's never met before.
만난 적이 없는 사람과 얘기를 할 수 있는 그녀의 능력이 부럽다.

---

survey
[sərvéi]

어원 sur「위로」+ vey「보다」 ○ (위에서 보다)
⑧ 죽 둘러보다, 조사하다, 대강 살피다 ⑲ 대강 살피기, 조사
surveillance ⑲ 감시, 망보기

He got out of the car to **survey** the damage.
그는 자동차에서 내려 파손된 곳을 살폈다.

귀가 솔깃해지는 영단어 5

1 파라솔(parasol)은 태양에 거역하는 것
- □ solar 「태양의」
- □ solstice 「(태양의) 지점(태양이 적도에서 북쪽 또는 남쪽으로 가장 멀어졌을 때)」 (태양에서 멀리 서 있는 것) the summer solstice 「하지」

2 I'm sorry. 「미안합니다.」는 「마음이 아프다」는 것
- □ sore 「아프다, 슬프다」
- □ sorrow 「슬픔」

3 프랑스의 명품 카르티에(Cartier)는 궁정(둘러싸인 곳)을 받드는 사람
- □ court 「궁정, 법정, (테니스 등의) 코드, 안뜰」 (둘러싸인 곳)
- □ courtier 「조신(朝臣), 비위를 맞추는 사람」
- □ courtesy 「예의, 우대 (궁정에 적절한 행위)」
- □ courteous 「예의 바른, 정중한」
- □ courtyard 「안뜰」

4 영(young)은 젊다는 것. 중학교는 a junior high school
- □ junior 「연하의, 대학 3학년의, 연소자, 아들」
- □ juvenile 「소년소녀의, 미숙한」
- □ youth 「청춘, 젊음, 젊은이」

5 시니어(senior)는 「연장자」. 고등학교는 a senior high school
- □ senior 「연상의, (고등학교 · 대학교에서) 최상급의, 연장자」
- □ seniority 「연공서열, 연장」
- □ senile 「노령의, 노쇠한」
- □ Senate 「상원」
- □ Senator 「상원 의원」

You

can

do

it!

동사적 의미를 가진 어근으로
유추하는 영단어 (2)

99 ang, anx (조이다)

슬픔, 괴로움, 노여움, 걱정 등은 가슴을 꽉 조이는 듯한 감정이다. anger(노여움, 성나게 하다)의 원래 의미는 「슬픔」이다.

anguish
[ǽŋgwiʃ]

어원 ang「조이다」+ish「~로 하다」 ◎ (가슴을 꽉 조이다)
⑤ 괴로워하다, 괴롭히다
anguished ⑲ 고뇌에 찬

She **anguished** over the death of her cat.
그녀는 고양이의 죽음에 괴로워했다.

anxious
[ǽŋkʃəs]

어원 anx「조이다」+ous「형접」 ◎ (마음을 꽉 조이다) ◎ (괴롭다) ◎ (가슴이 아
플 정도로)
⑲ 걱정하는, (자꾸) ~하고 싶어 하는
anxiety ⑲ 걱정, 불안

His daughter is **anxious** to study abroad.
그의 딸은 유학가고 싶어 한다.

strangle
[strǽŋgəl]

어원 str「extra 밖에」+ang「조이다」+le「반복」
⑤ 목 졸라 죽이다, 억제하다

The murderer **strangled** the woman by pressing her throat with his hands.
그 살인범은 양손으로 그녀의 목을 눌러 교살했다.

strangulation
[strǽŋgjəléiʃən]

어원 str「extra 밖에」+ang「조이다」+ate「~로 하다」+ion「명접」
⑲ 교살, 질식
strangulate ⑤ 목 졸라 죽이다, 질식시키다

The post-mortem showed that the boy had died from **strangulation**.
그 소년은 교살로 인한 사망이었다는 것이 시체부검으로 밝혀졌다.

100 cad, cas, cid, cay (떨어지다, 일어나다)

「일어나다」라는 뜻으로는 case(사건), accident(사고), occasion(기회, 경우) 등 기본 단어가 있다. 데카당스(decadence)는 퇴폐적인 미를 추구하는 프랑스에서 유행했던 운동이다.

Occident
[ɑ́ksədənt]

어원 oc「~쪽으로」+ cid「떨어지다」+ ent「명접」 ⊙ (태양이 지는 쪽)
명 서양, 구미, 서반구
occidental 형 서양의

"Occident" originally means a place where the sun sets.
서양의 본래 의미는 해가 지는 곳이다.

incidental
[ìnsədéntl]

어원 in「~의 위에」+ cid「일어나다」+ tal「형접」 ⊙ (~의 신상에 일어나다)
형 따라서 일어나는, 우연의
incident 명 (부수적인) 사건, 사고

You will receive an allowance for meals and **incidental** expenses.
식사비와 이에 따르는 비용도 받을 수 있습니다.

decay
[dikéi]

어원 de「아래에」+ cay「떨어지다」⊙ (아래로 무너져 떨어지다)
동 부패하다, 쇠약하다 명 부패, 쇠약

As dead trees **decay**, they feed the soil.
죽은 나무가 썩으면, 토양에 양분이 된다.

coincide
[kòuinsáid]

어원 co「함께」+ in「~위에」+ cid「일어나다」⊙ (~의 신상에 같이 일어나다)
동 동시에 일어나다, 일치하다
coincidence 동 동시발생

If our schedules **coincide**, we'll go to Hawaii together.
우리 스케줄이 맞으면 함께 하와이에 갈 것이다.

2003년 이라크를 침략한 미국의 최종 목표는 후세인의 목을 베는 것(decapitate)이었다.

decapitate
[dikǽpətèit]

어원 de「아래에」+cap「머리」+ate[로 하다」 ○ (목을 베다)

(통) 사람의 목을 자르다

His **decapitated** body was found floating in a river.
그의 목 잘린 시체가 강에 떠올라 있는 것이 발견됐다.

occupy
[ákjəpài]

어원 oc「완전히」+cup「잡다」 ○ (완전히 잡고 있다)

(통) 차지하다, 종사하다

The U. S. army **occupied** the capital of the country.
미군이 그 나라의 수도를 점령했다.

occupation
[àkjəpéiʃən]

어원 oc「완전히」+cup「잡다」+tion「명접」 ○ (완전히 잡고 있는 상태)

(명) 점유, 점령, 직업

His **occupation** is as a doctor.
그의 직업은 의사다.

preoccupy
[priákjəpài]

어원 pre「앞에」+oc「완전히」+cup「잡다」 ○ (미리 사람의 마음을 확실히 잡고 있다)

(통) 선취하다, 마음을 빼앗기게 하다
preoccupation (명) 열중, 선취, 선입관

The seat had been **preoccupied** when I arrived there.
내가 거기 도착했을 때 이미 자리는 선점되었다.

★ cape : 곶, 갑 ★ capital : 수도, 대문자 ★ cattle : 가축 ★ escape : es「밖에」→ 도망가다
★ capacity : 수용력 ★ capture : 잡다 ★ capable : 유능한 ★ captive : 감금된

102 cel(l), ceal, hell, hol (감싸다)

hell(지옥)은 신에게 보이지 않도록 사탄(악마)이 가리고 숨어 있는 곳을 말하며, 머리를 덮어 쓰는 것이 helmet(헬멧)이다. 큰 천정에 둘러싸인 기둥 없는 널찍한 장소(hall)도 같은 어원이다.

cell
[sel]

어원 ⊙ (숨겨진 작은 방)
⑲ 독방, 세포
cellular ⑱ 세포 모양의, 올이 성긴

The thief was put in a prison **cell**.
그 도둑은 형무소 독방에 넣어졌다.

cellar
[sélər]

어원 ⊙ (숨겨진 장소)
⑲ 지하실, 와인 저장실

They kept canned food in the **cellar** of their house.
그들은 집 지하실에 통조림 식료품을 보관해 두었다.

conceal
[kənsíːl]

어원 con「완전히」+ ceal「감싸다」 ⊙ (완전히 감싸다)
⑧ 숨기다, 비밀로 하다
concealment ⑲ 은폐, 숨은 장소

The listening device was **concealed** in a pen.
펜 속에 도청기가 숨겨져 있었다.

hollow
[hálou]

어원 ⊙ (속을 감싼)
⑱ 속이 텅 빈, 알맹이가 없는 ⑧ 구멍을 내다

Hollow blocks are used because they are lighter.
가벼워서 속이 빈 블록이 사용된다.

103 cre(ase), cru (만들어내다)

초승달 모양의 크로와상(croissant, 초승달모양의 롤빵), 초승달(crescent)이 커지면서 보름달로 변한다.
음악에서 크레센도(crescendo)는 점점 세게, 데크레센도(decrescendo)는 점점 약하게를 뜻한다.

create
[kriéit]

어원 cre「만들어내다」+ate「통」 ◎ (만들어내는)

통 창조하다, 창작하다, 만들어내다
creation 명 창조
creature 명 창조물
creative 형 창조적인

The Bible says that God **created** the world.
성서에 의하면 신이 세상을 만들었다.

increase
[inkríːs]

어원 in「위에」+crease「만들어내다」 ◎ (위를 향해 성장하다)

통 늘리다 명 증가
increasingly 부 점점

Crime rates have rapidly **increased** over the last few years.
과거 수년 동안 범죄율이 급격히 증가했다.

decrease
[díkriːs]

어원 de「떨어져서」+crease「태어나다」 ◎ (성장에서 떨어져)

통 감소하다 명 감소

Sales in Korea **decreased** last year.
한국에서의 매출은 작년에 감소했다.

recruit
[rikrúːt]

어원 re「다시」+cru「태어나다」 ◎ (다시 태어나다)

통 회복하다, 보충하다, (새로) 모집하다

We won't be **recruiting** again until next year.
내년까지는 신규 모집을 하지 않습니다.

104 cre(t) (나누다)

비서(secretary)는 믿음이 있어서 비밀(secret)을 공유할 수 있는 사람을 가리킨다.

discreet
[diskríːt]

어원 dis「떨어져서」 + creet「나누다」 ○ (선과 악을 나눈다)

형 사려분별이 있는, 신중한
discretion 명 사려분별, 자유재량

He is very **discreet** about his private life.
그는 사생활면에서 매우 신중하다.

discrete
[diskríːt]

어원 dis「떨어져서」 + crete「나누다」

형 분리된, 각각 다른 부분에서 만들어진

The office is run as four **discrete** units.
그 회사는 4개의 분리된 단위로 운영된다.

decree
[dekríː]

어원 de「떨어져서」 + cree「나누다」 ○ (신이나 법률이 선별하다)

명 법령, 천명

About a hundred people were freed by military **decree**.
약 백 명이 군사법령으로 해방되었다.

excrete
[ikskríːt]

어원 ex「밖에」 + cret「나누다」 ○ (나눠서 밖으로 내다)

동 배출하다, 배설하다
excrement 명 배설물
excretion 명 배설작용

Most toxins are naturally **excreted** from the body.
대부분의 독소는 인체에서 자연히 배출된다.

105 cri(t) (나누다)

크라이시스(crisis)는 장래를 가름하는 중요한 분기점을 뜻한다.

critical
[krítikəl]

어원 cri「나누다」+cal「형접」 ◐ (장래를 좌우하는 중대한)
형 위기적인, 결정적인, 비판적인
crisis 명 위기, 중대국면

He is at a **critical** stage in his recovery from the accident.
그는 그 사고에서 회복하느냐 마느냐 하는 결정적인 단계에 와있다.

criticize
[krítisàiz]

어원 crit「나누다」+ize「~로 하다」 ◐ (좋고 나쁨을 나누다)
동 비평하다, 비판하다, 비난하다
criticism 명 비평, 비판, 비난
critic 명 비평가, 비판가

You always do nothing but **criticize** and complain.
당신은 항상 비판과 불만밖에 말하지 않는다.

criterion
[kraitíəriən]

어원 cri「나누다」+ion「명접」 ◐ (좋고 나쁨을 나누는 것)
명 기준, 표준 (복수) criteria

What are the main **criteria** for awarding the prize?
상을 주는 주요 기준은 무엇입니까?

discriminate
[diskrímənèit]

어원 dis「떨어져서」+cri「나누다」+ate「~로 하다」 ◐ (분리하다)
동 구별하다, 차별하다
discrimination 명 차별, 구별

Police dogs can **discriminate** between the different smells.
경찰견은 다양한 냄새를 구별할 수 있다.

106 cur (흐르다, 달리다)

컴퓨터 커서(cursor)를 화면 위에서 움직이게 한다.

---

occur
[əkə́:r]

어원 oc「~쪽으로」+cur「달리다」 ⊙ (이쪽으로 달려온다)

⑧ 일어나다, 생기다, (머리에) 떠오르다
occurrence ⑲ 사건, 발생

The accident occurred at 10:00 p.m.
그 사고는 오후 10시에 일어났다.

---

current
[kə́:rənt]

어원 cur「달리다」+ent「형접」 ⊙ (달리고 있다)

⑲ 지금의, 유통하고 있는 ⑲ 흐름, 전류
currency ⑲ 통화, 유통

The current situation is peaceful.
현재 상태는 평화롭다.

---

concur
[kənkə́:r]

어원 con「함께」+cur「달리다」 ⊙ (같이 달리다)

⑧ 일치하다, 협력하다, 동시에 일어나다
concurrence ⑲ 상호작용, 일치

The two doctors concurred that the woman needs a heart operation.
두 명의 의사는 그 여자에게 심장 수술을 할 필요가 있다는 의견에 일치했다.

---

recur
[rikə́:r]

어원 re「다시」+cur「달리다」 ⊙ (다시 달리다)

⑧ 재발하다, 돌아오다
recurrent ⑲ 다시 일어나다
recurrence ⑲ 재발, 재래

If the pain recurs, you should see a doctor.
만약 통증이 재발하면 진찰을 받아야 한다.

107 dat, dit, don, dot (주다)

데이터(data)는 주어진 자료이며, 혈액이나 장기를 환자에게 주는 사람은 도너(donor)라고 한다. 프레데터(predator)는 「먼저 가져가버린 사람」에서 「약탈자, 포식동물」이라는 의미로 쓰인다.

donate
[dóunèit]

어원 don「주다」+ ate「~로 하다」 ◐ (사람들에게 주다)
圏 기부하다, 기증하다
donation 圏 기부(금), 기증(품)

He **donates** blood at least twice a year.
그는 적어도 1년에 두 번 헌혈한다.

additive
[ǽdətiv]

어원 ad「~쪽으로」+ dit「주다」+ tive「형접」 ◐ (~쪽으로 주어진)
圏 첨가물 圏 부가적인
add 圏 추가하다

Food **additives** can cause allergies.
식품첨가물은 알레르기의 원인이 될 수 있다.

edit
[édit]

어원 e「ex 밖으로」+ dit「주다」 ◐ (사람들에게 주기 위해 세상에 내놓다)
圏 편집하다, 교정하다
edition 圏 판(版), 전발행부수
editorial 圏 圏 사설(의)

She **edits** books for a variety of publishers.
그녀는 다양한 출판사의 책을 편집한다.

pardon
[pá:rdn]

어원 par「per 완전히」+ don「주다」 ◐ (완전히 상대에게 마음을 주다)
圏 허락하다 圏 허락

I asked him to **pardon** me for being late for the meeting.
나는 그에게 회의에 늦은 일을 용서해 달라고 했다.

108 decor, or(n) (장식하다, 장식)

예쁜 장식이 붙은 데커레이션 케이크는 먹음직스럽다.

decorate
[dékərèit]

어원 decor「장식」+ate「~로 하다」 ○ (장식하다)

⟦통⟧ 장식하다, 꾸미다
decoration ⟦통⟧ 장식
decorative ⟦형⟧ 장식적인

The children always enjoy **decorating** the Christmas tree.
아이들은 언제나 크리스마스트리를 장식하는 걸 즐거워한다.

adorn
[ədɔ́ːrn]

어원 ad「~쪽으로」+orn「장식하다」 ○ (장식하다)

⟦통⟧ 장식하다, 아름다움을 돋보이게 하다

The walls of the church were richly **adorned** with carvings and pictures.
교회 벽은 조각이나 회화로 우아하게 꾸며져 있었다.

ornament
[ɔ́ːrnəmənt]

어원 orn「꾸미다」+ment「명접」 ○ (장식하는 것)

⟦명⟧ 장식품 ⟦통⟧ 장식하다
ornamental ⟦형⟧ 장식적인

I bought a new Christmas tree **ornament** — do you want to see it?
새 크리스마스트리 장식을 샀어요. 보고 싶으세요?

ornate
[ɔːrnéit]

어원 orn「꾸미다」+ate「형접」

⟦형⟧ 요란하게 장식한, 화려한

Apair of **ornate** gold candlesticks stood on the altar.
한 벌의 화려한 황금 촛대가 제단에 서 있었다.

109 du, deb (짊어지다)

duty는 당연히 져야 할 「의무, 관세」를 뜻한다.

due
[dju:]

어원 due「짊어지다」 ◑ (짊어지고 있다)
형 당연히 지불해야 하는, ～할 예정의, ～탓으로

His new book is **due** to be published next year.
그의 새 책은 내년에 출판될 예정이다.

overdue
[ouvərdjú:]

어원 over「넘어서」 + due「짊어지다」 ◑ (책임져야 할 시기를 넘었다)
형 돈을 내는 시기가 지난, 연체한, 대망의

The baby was a week **overdue**.
그 아기는 1주일 늦게 태어났다.

debt
[det]

어원 deb「짊어지다」 ◑ (신세를 지는 것)
명 빚, 부채, 은혜
debit card **명** 데빗 카드, 신용카드

Debt is one of the main social problems of our time.
빚은 현대의 중요한 사회문제 중 하나다.

indebted
[indétid]

어원 ◑ in「안에」 + deb「짊어지다」 + ed「형접」
형 은혜를 입고 있는, 신세진

I am deeply **indebted** to my teacher.
나는 선생님께 무척 감사하고 있다.

110 empt, ample (사다, 잡다)

샘플(sample)은 보이려고 드러낸 것, 즉 「견본」의 의미이며, example도 같은 의미이다.

exempt
[igzémpt]

어원 ex「밖에」+empt「잡다」 ⊙ (꺼내다)
동 면제하다 형 면제된 명 면제자

He was **exempted** from military service.
그는 병역을 면제 받았다.

exemplify
[igzémpləfài]

어원 ex「밖에」+emp「잡다」+ify「~로 하다」 ⊙ (밖으로 꺼내 보인다)
동 예시하다, 실제 예가 되다
exemplary 형 모범적인, 좋은 예의

I'll **exemplify** my point with a true story about something that happened to me.
저한테 일어났던 실제 이야기로 말하고 싶은 것을 표현하겠습니다.

peremptory
[pərémptəri]

어원 per「완전히」+emp「잡다」+ory「형접」 ⊙ (완전히 잡아버리다)
형 절대적인, 안하무인격인

Her **peremptory** manner made many enemies.
그녀의 안하무인격인 태도가 많은 적을 만들었다.

redemption
[ridémpʃən]

어원 re「다시」+emp「사다」+tion「명접」 ⊙ (다시 사들이는 것)
명 되사기, 상환, 환금, 낙적(기생이나 창녀 등의 몸값을 치르고 그 적(籍)에서 빼냄)
redeem 동 되사다, 변제하다, 현금으로 하다

State **redemption** centers pay 5 cents for every two recyclable containers.
주(州)의 회수 센터에서는 재활용할 수 있는 용기 2개에 5센트를 준다.

111 esse, sent, sence (있다)

프레젠트(present)는 앞에 내밀어진 것을 뜻한다.

---

present
[prézənt]

어원 pre「앞에」+ sent「있다」 ◎ (앞에 내밀다)
[형] (서술용법) 출석하고 있는, 지금의 [동] 증정하다
presence [명] 출석, 존재

I'm never at ease when he is **present**.
그가 있는 시간은 전혀 편하지 않다.

---

essential
[isénʃəl]

어원 esse「있다」+ ial「형접」 ◎ (존재하다, 중심을 이루다)
[형] 본질적인, 절대 필요한 [명] 필수사항
essence [명] 본질

It is **essential** that you arrive on time.
당신이 시간에 딱 맞게 도착하는 게 절대 필요합니다.

---

represent
[rèprizént]

어원 re「다시」+ present「내밀다」 ◎ (다시 손가락으로 가리키다)
[동] 나타내다, 대표하다
representation [명] 표현, 묘사, 대표제

The U.S. dollar is usually **represented** by the sign "$".
미국 달러는 보통 $ 기호로 표시한다.

---

representative
[rèprizéntətiv]

어원 re「다시」+ present「내밀다」+ tive「형접」 ◎ (다시 손가락으로 가리키다)
[형] 표현하다, 대표적인, 대리의 [명] 대표자, 국회의원

Is this **representative** of the kind of complaints you receive?
이것이 당신이 받는 대표적인 불평입니까?

146

112 err (벗어나다, 잘못하다)

야구에서 에러(error)로 공을 놓치다.

err
[əːr]

어원 err「잘못하다」

图 잘못하다, 틀리다

error 图 오류, 실수 **erroneous** 图 잘못된
His idea is based on erroneous belief.
그의 생각은 잘못된 신념에 기초를 두고 있다.

To **err** is human, to forgive is divine.
실수는 인간의 몫이고 용서는 신의 몫이다.

erratic
[irǽtik]

어원 err「벗어나다」+ tic「형접」 ◐ (정상적인 상태에서 벗어났다)

图 변덕스러운, 엉뚱한, 일정하지 않은 图 기인, 괴짜

It is true he is a good player, but he is **erratic**.
그는 좋은 선수라는 말은 맞지만, 별종이다.

errant
[érənt]

어원 err「벗어나다」+ ant「형접」 ◐ (정규를 벗어난)

图 (길을) 잘못 든, 길을 잃은

The golfer hit an **errant** shot into the woods.
그 골퍼는 잘못해서 공을 숲속으로 날려버렸다.

aberrant
[əbérənt]

어원 ab「떨어져서」+ err「빗나가다」+ ant「형접」 ◐ (정도(正道)에서 벗어난)

图 이상한, 정도를 벗어난, 엉뚱한
aberration 图 이상, 정신 이상

He is notorious for his **aberrant** behavior.
그는 이상 행동으로 악명이 높다.

113 fa (이야기하다)

많은 사람들이 항상 화제로 삼는 대상은 「유명한(famous) 사람」이다.

---

fable
[féibəl]

어원 fa「이야기하다」+ le「작은」 ◎ (작은 이야기)

명 우화, 지어낸 이야기

His favorite is the **fable** of the race between the tortoise and the hare.
그가 좋아하는 건 거북이와 토끼가 경주하는 우화다.

---

infant
[ínfənt]

어원 in「~가 아니다」+ fa「이야기하다」+ nt「사람」 ◎ (이야기를 못하는 사람)

명 유아 **형** 유아의
infantry **명** 보병
infancy **명** 유년 시절

His daughter was seriously ill as an **infant**.
그의 딸은 유년 시절 무거운 병에 걸렸었다.

---

fabulous
[fæbjələs]

어원 fa「이야기하다」+ lous「꽉 차다」 ◎ (사람들이 얘기하는)

형 전설상의, 매우 멋진

We had a **fabulous** time in Hawaii.
우리는 하와이에서 매우 멋진 시간을 보냈다.

---

fatal
[féitl]

어원 fat「이야기하다」+ al「형접」 ◎ (신의 말의)

형 운명적인, 치명적인
fate **명** 운명
fatality **명** 사망자(숫자), 치사성

There was a **fatal** flaw in the plan.
그 계획에는 치명적인 결점이 있었다.

114 fac, fact (만들다, 이루다)

manufacture「제조(하다)」의 원래 의미는 「손으로 물건을 만드는 것」을 의미한다.

facsimile
[fæksíməli]

어원 fac「만들다」+ simile「같은」◎ (비슷한 것을 만들다)

명 (정확한) 복사, 팩시밀리 통 정확하게 복사하다

This print is a **facsimile** of the original painting.
이 인쇄물은 원화를 그대로 복사한 것이다.

facile
[fæsil]

어원 fac「이루다」+ ile「할 수 있다」◎ (쉽게 할 수 있다)

형 (보람이 없을 정도로) 쉬운, 경솔한

You must avoid **facile** judgment about who is to blame.
누구에게 책임이 있는지에 대해서는 경솔한 판단을 피해야 합니다.

facilitate
[fəsílətèit]

어원 fac「이루다」+ il「할 수 있다」+ate「~로 하다」◎ (쉽게 할 수 있게 되다)

통 용이하게 하다, 조장하다
facility 명 설비, 편의, 용의

Dividing students into small groups usually helps **facilitate** discussion.
학생을 작은 그룹으로 나누면, 일반적으로 토론하기 쉬워진다.

malefactor
[mǽləfæktər]

어원 male「나쁘다」+ fact「만들다」+ or「사람」◎ (나쁜 짓을 하는 사람)

명 범인, 죄인
malefaction 명 범죄

"Malefactor" is a formal word for a criminal.
malefactor는 criminal(범인)의 문어적인 용어다.

★ factor : 요인 ★ faction : 파벌 ★ manufacture : manu「손」→ 제조(하다) ★ faculty : 재능, 기능

115 fer (운반하다)

모두 같은 장소에 모여 행하는 회의는 컨퍼런스(conference)라고 한다.

confer
[kənfə́:r]

어원 con「함께」+fer「운반하다」 ➲ (같이 가다)
图 상담하다, 협의하다, 수여하다
conference 图 회의, 협의

You should **confer** with a lawyer.
변호사에게 상담하는 편이 좋을 것이다.

defer
[difə́:r]

어원 de「떨어져서」+fer「운반하다」 ➲ (떨어진 장소에 가지고 가다)
图 연기하다, 따르다
deference 图 복종, 경의

They **deferred** their decision until next week.
그들은 다음 주까지 결정을 연기했다.

infer
[infə́:r]

어원 in「안에」+fer「운반하다」 ➲ (머릿속으로 가지고 오다)
图 추론하다, 암시하다
inference 图 추리, 추론

I **inferred** from her expression that she was angry.
나는 그녀의 표정을 보고 그녀는 화를 내고 있다고 추리했다.

vociferous
[vousífərəs]

어원 voc「목소리」+fer「운반하다」+ous「형접」 ➲ (멀리서도 목소리가 들리는)
图 큰소리로 외치는, 까다롭게 구는, 우거대는

He is one of the most **vociferous** critics.
그는 가장 까다로운 비평가 중 한 사람이다.

★ differ : di「떨어져서」 → 다르다 ★ prefer : pre「앞에」 → 더 좋아하다 ★ refer : re「뒤로」 → 언급하다
★ transfer : tran「넘어서」 → 옮기다 ★ fertile : 비옥한 ★ differentiate : di「떨어져서」 → 구별하다
★ indifferent : in「가 아닌」 + di「떨어져서」 → 무관심한 ★ interfere : inter「사이로」 → 간섭하다

116 flat (불다)

폭신폭신하고 먹음직스러운 수플레(Souffle)는 프랑스 과자이다.

inflate
[infléit]

어원 in「안에」 + flat「불다」 ⊙ (안에 숨을 불어넣다)
통 부풀리다, 팽창하다(시키다)
inflation 명 인플레, 팽창

He **inflated** the balloons with helium.
그는 헬륨으로 풍선을 부풀렸다.

deflate
[difléit]

어원 de「떨어져서」 + flat「불다」 ⊙ (불어서 밖에 내다)
통 공기를 빼다, 공기가 빠지다, 수축시키다(하다)
deflation 명 디플레이션, 비정상적 물가하락, 수축

The balloon **deflated** and went flat.
그 풍선은 공기가 빠져서 납작해졌다.

stagflation
[stægfléiʃən]

어원 stag「고이다」 + flat「불다」 + ion「명접」 ⊙ (인플레이션과 디플레이션 사이에 있는)
명 경기침체하의 인플레이션, 스태그플레이션

That country is under a chronic **stagflation**.
그 나라는 만성적인 스태그플레이션 하에 있다.

flatulence
[flǽtʃuləns]

어원 flat「불다」 + ence「명접」 ⊙ (불고 있는 상태)
명 위장 내에 가스가 발생하는 것, 공허
fratulent 형 위장 내에 가스가 발생하는, 공허한

Eating beans can cause **flatulence**.
콩을 먹으면 위장에 가스가 발생한다.

117 flect, flex (구부러지다)

영국식 리플렉솔로지(reflexology)란 발 등의 마사지로 병을 치료하는 반사치료법을 말한다. 플렉스타임(flextime)이란 출퇴근 시간에 유연성을 부여하는 걸 일컫는다.

---

reflex
[rí:fleks]

어원 re「원래 있던 곳으로」+flex「구부러지다」
명 조건 반사, 반사 신경 형 반사적인, 본디 자리로 돌아가는

The doctor tested my **reflexes**.
의사는 내 반사 신경을 검사했다.

---

reflect
[riflékt]

어원 re「원래 있던 곳으로」+flect「구부러지다」
통 반사하다, 반영하다, 숙고하다
reflection 명 반사, 영상, 숙고
reflective 형 반사하는 반영하는

I saw myself **reflected** in the water.
나는 물에 비친 나자신을 보았다.

---

flexible
[fléksəbəl]

어원 flex「구부러지다」+ible「할 수 있다」
형 유연성이 있는, 적응력이 있는
inflexible 명 구부릴 수 있는, 완고한
flexibility 명 유연성, 적응성

Rubber and plastic are **flexible** materials.
고무와 플라스틱은 유연성 있는 물질이다.

---

deflect
[diflékt]

어원 de「떨어져서」+flect「구부러지다」 ○ (구부러져 비켜가다)
통 비끼다, 빗나가다
deflection 명 왜곡, 편중

He always **deflects** criticism from himself by blaming others.
그는 항상 남을 비난함으로써 자기를 향한 비판을 피해나갔다.

118 fug (도망가다)

둔주 상태(fugue state)라고 알려진 정신장애는 일시적인 기억상실 상태를 말한다.

refuge
[réfju:dʒ]

어원 re「뒤로」+ fug「도망가다」
명 피난(소), 도피

Many people have taken **refuge** in the U.S. embassy.
많은 사람들이 미국 대사관에 피난했다.

refugee
[rèfjudʒí:]

어원 re「뒤로」+ fug「도망가다」+ ee「사람」
명 피난민, 난민

Thousands of **refugees** fled across the border.
수천 명의 난민이 국경을 넘어 도망갔다.

fugitive
[fjú:dʒitiv]

어원 fug「도망가다」+ tive「형접」
명 도망자 **형** 도주하다, 덧없다

The prisoner escaped from prison and is now a **fugitive**.
그 죄수는 감옥에서 도망쳐 도망자가 되었다.

centrifugal
[sentrífjugəl]

어원 centri「중심」+ fug「도망가나」+ al「형접」 ○ (중심에서 도망가다)
형 원심력의 **명** 원심분리기

They are developing machines using **centrifugal** force in this factory.
이 공장에서는 원심력을 이용한 기계를 개발하고 있다.

119 fuse (녹이다, (액체를) 따르다)

퓨전(fusion)은 재즈와 록이 섞인 음악을 말한다.

confuse
[kənfjúːz]

어원 con「함께」 + fuse「따르다」 ◎ (함께 쏟아부어 질퍽질퍽하게 하다)
⑧ 혼란시키다, 난처하게 하다
confusion ⑲ 혼란, 혼동

His explanation just **confused** me.
그의 설명은 나를 혼란시킬 뿐이었다.

refuse
[rifjúːz]

어원 re「원래 있던 곳으로」 + fuse「따르다」 ◎ (따른 것을 원래 있던 곳으로
되돌리다)
⑧ 거부하다 ⑲ 폐기물
refusal ⑲ 거부

He **refused** to attend the meeting in my place.
그는 내 대신에 회의에 참석하는 걸 거부했다.

transfusion
[trænsfjúːʒən]

어원 trans「넘어서」 + fuse「따르다」 + ion「형접」 ◎ (사람이 사람에게 따르
는 것)
⑲ 수혈, 주입
transfuse ⑧ 수혈하다, 주입하다

She suffered kidney failure and needed a blood **transfusion**.
그녀는 콩팥 질환을 앓고 있어 수혈이 필요했다.

futile
[fjúːtl]

어원 fut「녹이다」 + ile「형접」 ◎ (녹기 쉽다)
⑲ 도움이 되지 않다, 허무하다
futility ⑲ 무익

It's **futile** trying to get him to change his mind.
그의 마음을 바꾸려고 해도 소용이 없다.

120 fuse (녹이다, (액체를) 따르다)

퓨즈(fuse)는 금방 녹는 것을 말한다.

diffuse
[difjúːz]

어원 dif「떨어져서」 + fuse「따르다」 ◯ **동** 발산하다, 넓게 하다
동 퍼뜨리다, 보급하다, 퍼지다 **형** 산만한, 장황한
diffusion **명** 보급, 유포, 산만

The sunlight was **diffused** in the darkness of the room.

캄캄한 방 안에 햇빛이 퍼졌다.

infuse
[infjúːz]

어원 in「안에」 + fuse「따르다」
동 불어넣다, 부어넣다
infusion **명** 주입, 링거

The program has **infused** kids with new hope.

그 프로그램은 아이들에게 새 희망을 불어넣었다.

profuse
[prəfjúːs]

어원 pro「앞에」 + fuse「따르다」 ◯ (사람들에게 자기 술을 대접하다)
형 마음이 후한, 풍부한, 낭비하는, 과다한
profusion **명** 풍부, 사치

Profuse sweating is one of the symptoms of heat exhaustion.

엄청난 발한은 열사병 증상의 하나다.

effusive
[ifjúːsiv]

어원 ef「ex 밖으로」 + fuse「따르다」 + ive「형접」
형 과장된, 넘쳐흐르는
effuse **동** 방출하다, 흘러나오다
effusion **명** 유출

He began his speech with **effusive** praise for his wife.

그는 아내를 과장스럽게 칭찬하면서 연설을 시작했다.

121 gli, gla, glo (반짝, 힐끗)

반짝거리는 날카로운 눈망울을 뜻하는 어근으로, glory(영광), glow(빛나다), glacier(빙하) 등도 같은 어원에 속한다.

glitter
[glítər]

어원 ○ (반짝거리는 물건)
통 반짝 빛나다 명 반짝거림

All that **glitters** is not gold.
반짝인다고 다 금은 아니다.

glisten
[glísn]

어원 ○ (반짝이는 성향, 성질)
통 반짝반짝 빛나다 명 반짝임, 섬광

His chest was **glistening** with sweat.
그의 가슴은 땀으로 번들거렸다.

glance
[glǽns]

어원 gla「힐끗」+ance「명접」 ○ (힐끗보는 상태)
통 힐끗 보다 명 힐끗 보는 것, 곁눈질
He gave her a quick glance and smiled.
(그는 그녀를 힐끗 보고 미소를 지었다.)

He **glanced** at his watch.
그는 시계를 힐끗 봤다.

glimpse
[glímps]

어원 gli「힐끗」+limp「느릿느릿」 ○ see「보다」
명 힐끗 보는 것 통 힐끗 보다, 훑어보다
I glimpsed a figure at the window.
(창문에 사람이 힐끗 보였다.)

Dad only caught a **glimpse** of the guy who stole our car.
아버지는 우리 차를 훔친 녀석을 힐끗 보기만 했다.

122 grab, grap, grip (잡다)

손잡이 = 그립(grip)을 단단히 잡는다.

---

grab
[græb]

어원 grab「잡다」 ○ (손으로 붙잡다)
- 통 잡다, 가로채다
- 명 횡령, 날치기

Two men **grabbed** him and pushed him to the ground.
두 명의 남자가 그를 잡아 땅에 쓰러뜨렸다.

---

grapple
[grǽpəl]

어원 grap「잡다」 + ple「반복」 ○ (몇 번이고 붙잡다)
- 통 맞붙어 싸우다, 잡다
- 명 맞붙어 싸우기

A young man was **grappling** with the guard.
젊은 남자가 수위와 맞붙어 싸우고 있었다.

---

grasp
[græsp]

어원 grap「움켜잡다」 ○ (내 것으로 만
- 통 (꽉) 잡다, 이해하다
- 명 움켜잡기, 이해력

A drowning man will **grasp** at a straw.
물에 빠진 사람은 지푸라기라도 잡는다.

---

grope
[group]

어원 ○ (손으로 더듬거리다)
- 통 (어둠속에서) 손으로 더듬어 앞으로 나가다, 손으로 더듬어 찾다

We **groped** around the dark room looking for the light switch.
우리는 어두운 방에서 전기 스위치를 찾아서 손으로 더듬었다.

123 her, hes (달라붙다)

귀신의 집에서 여자 친구가 꽉 하면서 안겼다.

---

hesitate
[hézətèit]

어원 hes「붙다」+ tate「~로 하다」 ◎ (한 곳에 머물다) ◎ (이러지도 저러지도 못하다)
동 주저하다, 머물다
hesitation 명 주저, 망설임

If there's anything you need, don't **hesitate** to ask.
필요한 물건이 있으면 주저 없이 말해주십시오.

---

adhere
[ædhíər]

어원 ad「~쪽으로」+ her「붙다」
동 달라붙다, 지지하다, 따르다
adherent 형 점착성의 명 지지자, 신봉자
adhesive 형 부착력이 있는 명 접착제

This tape will **adhere** to anything.
이 테이프는 어떤 곳에든 붙는다.

---

cohere
[kouhíər]

어원 co「함께」+ her「붙다」
동 밀착하다, 결합하다, 조리(條理)가 맞다
coherent 형 달라붙은, 조리에 맞는
coherence 명 밀착, 결합, 일관성

His story doesn't **cohere.** = His story isn't coherent.
그의 얘기는 조리에 맞지 않는다.

---

inherent
[inhíərənt]

어원 in「안에」+ her「붙다」+ ent「형접」
형 원래 갖고 태어난, 선천적인
inhere 동 존재하다 **inherence** 명 고유, 본성

A love of music is **inherent** in human nature.
음악을 사랑하는 마음은 인간의 본성이다.

124 her, heir (물려받다)

앞머리가 없는 건 아버지로부터의 유전 때문이다. 질병에 대한 가족력도 대물림되는 것이며, 부모의 부채 또한 자식에게 승계된다.

heir
[ɛər]

어원 heir「물려받다」 ◐ (물려받는 사람)
명 상속인, 계승자, 후계자
heirless 형 상속인이 없는

Despite having a large family, they still had no **heir**.
대가족임에도 불구하고, 그들은 아직 계승자가 없었다.

heredity
[hirédəti]

어원 her「물려받다」+ity「명접」 ◐ (부모에게서 물려받은 상태)
명 유전, 세습, 유전형질
hereditary 형 유전의, 세습의

They discussed the effects of **heredity** and environment.
그들은 유전과 환경의 영향에 대해 토론했다.

heritage
[héritidʒ]

어원 her「물려받다」+age「명접」 ◐ (물려받은 것)
명 유산, 전승, 세습 재산

This building is part of our national **heritage**.
이 건물은 우리나라 국가 유산의 일부이다.

inherit
[inhérit]

어원 in「안에」+her「물려받다」
동 상속하다, 물려받다
inheritance 명 유산, 상속

I **inherited** my red hair from my mother.
내 빨간 머리는 어머니쪽 유전이다.

125 ju(r) (법, 심판하다, 바르다)

축구 시합의 로스 타임의 올바른 영어표현은 인저리 타임(injury time)이라고 한다.

---

injure
[índʒər]

어원 in「가 아니다」+ jur「올바르다」 ◎ (올바르지 않은 상태로 하다)

통 상처를 주다, 부상을 입히다
injury 명 손상, 손해
injurious 형 해를 주다

The bomb killed eleven people and **injured** 55.
그 폭탄으로 11명이 사망하고, 55명이 부상했다.

---

jury
[dʒúəri]

어원 ◎ (심판하는 사람)

명 배심(원), 심사위원

The **jury** was made up of seven women and five men.
배심원은 7명의 여성과 5명의 남성으로 구성됐다.

---

jurisdiction
[dʒùərisdíkʃən]

어원 jur「법」+ dict「진술하다」+ ion「명접」 ◎ (법을 진술하는 것)

명 사법권, 관할권, 권한
judicial 형 사법의

The committee has **jurisdiction** over all tax measures.
그 위원회는 모든 세금제도 법안에 대한 사법권이 있다.

---

prejudice
[prédʒudis]

어원 pre「앞에」+ ju「심판하다」+ ice「명접」 ◎ (미리 심판하는 것)

명 편견, 선입관

There is still a lot of **prejudice** against gay men.
게이 남성에게는 아직도 많은 편견이 있다.

126 leas, loos, lish (헐겁게 하다)

루스리프(loose-leaf)는 종이를 뺐다 끼웠다 할 수 있는 스프링식 노트를 말하며, 시간 약속을 잘 지키지 않는 사람은 루스 (loose)한 사람이라고 부른다.

loose
[luːs]

어원 ○ (헐거운)
형 풀린, 칠칠맞은
loosen 통 헐겁게 하다, 풀다

The tomatoes are sold **loose**, not in bags.
토마토는 봉지로 팔지 않고, 낱개로 판다.

lease
[liːs]

어원 ○ (자기 물건을 타인에게 빌려주어 맘껏 사용하게 하다)
통 임대하다, 돈을 내고 빌리다
명 임대, 임차권

They have **leased** their offices for ten years.
그는 10년간 오피스를 임대하고 있다.

release
[rilíːs]

어원 re「원래 있던 곳으로」+ lease「헐겁게 하다」○ (헐겁게 해서 원래 상태로 하다)
통 해방하다, 놓다 명 해방, 공개

His latest book was **released** last week.
그의 최신작은 지난 주 출판되었다.

relish
[réliʃ]

어원 re「원래 있던 곳으로」+ lish「헐겁게 하다」○ (음식에서 해방되어 나중에 남은 것, 뒷맛)
명 양념, 풍미 통 맛보다, 즐기다

Would you like **relish** on your hot dog?
핫도그에 양념을 칠까요?

127 late (운반하다)

번역(translation)은 언어를 바꾸어 의사를 전달하는 수단이요, 방편이다.

translate
[trænsléit]

어원 trans「넘어서」 + late「운반하다」 ◎ (언어를 초월해서 의사를 전달하다)
동 번역하다, 해석하다
translation 명 번역, 해석

His book was **translated** into Chinese.
그의 책은 중국어로 번역되었다.

relate
[riléit]

어원 re「원래 있던 곳으로」 + late「운반하다」 ◎ (원래 장소로 옮겨서 관련시키다)
동 관련시키다, 관련하다, 진술하다
relation(ship) 명 관계, 관련
relative 명 친척 형 관계 있는, 상대적인

I don't understand how the two ideas **relate**.
나는 그 두 가지 생각이 어떻게 관계가 있는지 모르겠다.

bilateral
[bailǽtərəl]

어원 bi「2개」 + late「운반하다」 + al「형접」 ◎ 「두 방향에서 운반하다」
형 상호적인, 양자간의

The countries signed a **bilateral** agreement to help prevent drug smuggling.
그 나라는 마약 밀수 방지에 일조하기 위해 양국 간 협정에 사인했다.

collateral
[kəlǽtərəl]

어원 col「함께」 + late「운반하다」 + al「형접」 ◎ (같이 선발된)
형 평행한, 부수적인, 방계의

Cousins are **collateral** relatives.
사촌은 방계 친척이다.

128 lat, lay (운반하다)

타이밍을 늦추는 도루는 딜레이드 스틸(delayed steal)이며, 릴레이 경주(relay race)는 배턴을 운반하면서 정해진 거리를 달리는 경기를 말한다.

delay
[diléi]

어원 de「떨어져서」+lay「운반하다」 ○ (떨어진 장소로 운반하다)

⑧ 늦추다, 지연되다

The train for Busan was **delayed** for ten minutes.

부산행 열차는 10분 늦었다.

annihilate
[ənáiəlèit]

어원 an「~쪽으로」+nihil「없다」+late「운반하다」 ○ (없는 방향으로 옮기다)

⑧ 전멸시키다, 전폐하다

annihilation ⑲ 전멸, 전폐

The human race has enough weapons to **annihilate** itself.

인류는 스스로를 전멸시킬 수 있는 충분한 무기를 가지고 있다.

superlative
[səpə́ːrlətiv]

어원 super「위에」+lat「운반하다」+ive「형접」 ○ (제일 위에 선택된)

⑲ 최상급, 최고 ⑲ 최고의, 최상급의

"Worse" is the **superlative** of "bad."

worst는 bad의 최상급이다.

elate
[iléit]

어원 e「ex 밖으로」+late「운반하다」 ○ (감정을 밖으로 나타내다)

⑧ 의기양양하다, 우쭐해지다, 기운을 북돋우다

elation ⑲ 의기양양

The news of his son's success **elated** him.

그는 아들의 성공 소식을 듣고 의기양양했다.

129 leg, lig (선발하다, 주워 모으다)

college「대학」은 같이 선발된 학생들이 모인 곳을 지칭하며, 고상함 = 엘레강스(elegance)는 밖으로(el) 뿜어져 나오는 자태를 말한다.

colleague
[káli:g]

어원 col「함께」+ leag「선발하다」 ◑ (같이 선발된 사람들)
명 (관직, 전문직의) 동료

She discussed the idea with some of her **colleagues**.
그녀는 동료 몇 사람과 함께 그 의견에 대해 얘기했다.

intelligent
[intélədʒənt]

어원 intel「inter 사이에」+ lig「뽑다」+ ent「형접」 ◑ (안에 들어가서 선택할 수 있다)
형 이해력 있는, 이성적인
intelligence **명** 지능, 지성, 정보

He said that there are some **intelligent** beings on other planets.
그는 다른 혹성에 지적 생물이 존재한다고 했다.

diligent
[dílədʒənt]

어원 di「떨어져서」+ lig「선발하다」+ ent「형접」 ◑ (나눠서 선택할 수 있다)
형 근면한, 부지런한
diligence **명** 근면

Ken is a very **diligent** student.
켄은 아주 근면한 학생입니다.

eligible
[élidʒəbəl]

어원 el「ex 밖에」+ lig「선발하다」+ ble「할 수 있다」 ◑ (밖으로 뽑아낼 수 있다)
형 (선발될) 자격이 있는, 적임의

Students on a part-time course are not **eligible** for a loan.
청강생은 대출을 받을 자격이 없다.

130 ly, li(g) (맺다)

리그(league)는 동맹, 둘 이상의 개인이나 단체가 맺어진 협약 같은 것을 말한다.

ally
[əlái]

어원 al「~쪽으로」+ ly「맺다」 ◐ (~쪽으로 맺어지다)
(동) 연합시키다, 결합시키다 (명) 동맹국
alliance (명) 연합, 협조

Germany was once **allied** with Italy.
독일은 이전에 이탈리아와 동맹을 맺었다.

rely
[rilái]

어원 re「확실히」+ ly「맺다」 ◐ (확실히 맺어서 의지하다)
(동) 의지하다, 기대다
reliable (형) 신뢰할 수 있는

I wonder if I can **rely** on your support in next week's election.
다음 주 선거에서 당신의 지지를 기대해도 되겠습니까?

liable
[láiəbəl]

어원 li「맺다」+ able「형접」 ◐ (맺어지다) ◐ (묶이다)
(형) 의무가 있다, 자칫하면 ~하기 쉬운

We are all **liable** to make mistakes when we are tired.
우리는 피곤하면 실수를 하기 쉽다.

oblige
[əbláidʒ]

어원 ob「~에 대해」+ lig「묶다」 ◐ (~를 동여매다)
(동) 할 수 없이 ~시키다, 은혜를 베풀다
obligation (명) 의무
obligatory (형) 의무적인

We are **obliged** to stop the car at a red light.
우리는 빨간 불에 차를 멈춰야 했다.

131 lud(e) (연기하다, 장난치다)

환상 =일루젼(illusion)은 장난을 쳐서 사람을 속이는 것이며, 프레류드(prelude)는 연주를 시작하기 전의 「서곡」을 뜻한다.

allude
[əlúːd]

어원 al「~쪽으로」+lude「장난치다」 ⊙ (장난치면서 말하다)

⑧ 암시하다, 넌지시 말하다,
allusion ⑲ 넌지시 말하는 것

She **alluded** to the idea that she might not run for office again.
그녀는 다시 공직에 입후보하지 않겠다는 생각을 암시했다.

delude
[dilúːd]

어원 de「떨어져서」+lude「장난치다」 ⊙ (장난으로 진실에서 멀어지다)

⑧ 속이다, 현혹시키다
delusion ⑲ 기만

They were **deluded** into thinking that their jobs were safe.
그들은 속아서 그들이 할 작업이 안전하다고 생각했었다.

ludicrous
[lúːdəkrəs]

어원 lud「장난치다」+ous「형접」

⑲ 웃기는, 우스꽝스러운

What a **ludicrous** idea that such an idiot could become President!
그런 바보 같은 자가 대통령이 될 수 있다는 게 얼마나 웃기는 일이냐!

elude
[ilúːd]

어원 e「ex 밖에」+lude「장난치다」 ⊙ (장난치면서 밖에 나가다)

⑧ 무사히 도망가다, 회피하다
elusive ⑲ 잡기 어려운

The criminal **eluded** the police by hiding in the woods.
범인은 숲에 숨어서 경찰을 잘 피했다.

132 mand, mend (명령하다, 위임하다)

주문을 받아 출하하는 방식을 온 디맨드(on demand)라고 부른다.

demand
[dimǽnd]

어원 de「완전히」+ mand「명령하다」 ◎ (강하게 명령하다)
동 (강력하게) 요구하다, 힐문하다 명 요구, 수요

How dare you say that! I **demand** an apology.
어떻게 그런 말을 할 수가 있습니까? 사과를 요구합니다.

command
[kəmǽnd]

어원 com「완전히」+ mand「명령하다」 ◎ (완전히 위임하다) ◎ (지휘권을 주다)
동 명령하다, 마음대로 하다 명 명령, 지휘권, 마음대로 할 수 있는 힘

The General **commanded** that the regiment attack at once.
대장은 당장 공격하도록 군대에 명령했다.

mandatory
[mǽndətɔ̀:ri]

어원 mand「명령하다」+ ory「형접」
형 강제적인, 명령적인, 통치를 위임받은 명 위임통치국
mandate 동 통치를 위임하다, 명령하다 명 명령

In some countries, wearing helmets is **mandatory** for all cyclists.
몇몇 나라에서는 자전거 타는 사람들에게 헬멧 착용이 의무화되어 있다.

recommend
[rèkəménd]

어원 re「다시」+ com「완전히」+ mend「위임하다」 ◎ (다시 사람에게 위임하다)
동 추천하다, 권하다
recommendation 명 추천(장)
commend 동 칭찬하다, 추천하다, 맡기다

Can you **recommend** a good hotel near here?
이 근처에 추천할만한 좋은 호텔이 있어요?

133 med (병을 고치다)

약(medicine)은 사람의 병을 고치는 수단이다.

medical
[médikəl]

어원 med「고치다」+ cal「형접」
형 의학의, 의료의
medicine 명 의학, 약

His son got into a **medical** school last year.
그의 아들은 작년에 의학부에 입학했다.

remedy
[rémədi]

어원 re「다시」+ med「병을 고치다」+ y「명접」
명 치료(법), 의료 통 치료하다, 처방하다
remedial 형 치료하기 위한, (학습) 보충의

The best **remedy** for grief is hard work.
슬픔에 가장 좋은 치료는 열심히 일하는 것이다.

paramedic
[pæ̀rəmédik]

어원 para「옆에서」+ medic「병을 고치는 사람」 ◐ (의사 옆에서 치료를 돕
는 사람)
명 의료보조원 (구급 대원이나 임상검사 기사 등)
medic 명 의사, 의대생
paramedical 형 의료 보조의

Paramedics were standing ready by the race course in case of an accident.
사고가 생겼을 때를 대비해서 의료보조원이 경주로에서 기다리고 있었다.

medication
[mèdikéiʃən]

어원 med「병을 고치다」+ tion「명접」 ◐ (병을 고치는 일)
명 약물치료, 투약

She is currently taking **medication** for her heart.
그녀는 지금 심장 약물치료를 하고 있다.

134 mens, meas (재다)

물건이나 거리를 메저(measure, (줄)자)로 측정한다.

measurable
[méʒərəbəl]

어원 meas「재다」+ able「할 수 있다」 ◎ (측정할 수 있을 정도의)

형 잴 수 있는, 상당히 중요한, 눈에 띄는

He's made no **measurable** progress toward his accomplishing his goals.
그는 목표 달성을 향한 눈에 띄는 진전을 이루지 못했다.

immense
[iméns]

어원 im「~가 아니다」+ mens「재다」 ◎ (잴 수 없다)

형 헤아릴 수 없는, 광대한
immensity 명 광대, 무한

She has **immense** respect for him as a writer.
그녀는 그를 작가로서 헤아릴 수 없을 정도로 존경한다.

dimension
[diménʃən]

어원 de「완전히」+ mens「재다」+ ion「명접」 ◎ (완전히 재는 것)

명 치수, (인격 등의) 특질　((복수)) 길이, 면적, 크기, 차원
dimensional 형 치수의, 차원의

Please specify the **dimensions** of the room.
그 방의 면적을 상세히 말해주세요.

commensurate
[kəménʃrit]

어원 com「함께」+ mens「재다」+ ate「형접」

형 잘 어울리는, 적당한

They should face legal sanctions **commensurate** with their actions.
그들은 자기들 행동에 적합한 합법적인 제재에 직면해야 한다.

135 merg, mers (물, 액체에 담그다)

emergency「긴급사태」는 홍수로 집이 침수된 상태를 말한다.

---

emerge
[imə́ːrdʒ]

어원 e「ex 밖에」+ merg「담그다」 ⊙ (물에 젖어서 밖으로 나오다)
圖 (수중, 어둠에서) 나타나다, 떠오르다
emergence 圓 출현, 발생
emergency 圓 긴급사태

The facts behind the scandal are sure to **emerge** eventually.
그 스캔들 뒤에 숨겨진 사실이 최종적으로 드러나는 건 확실하다.

---

merge
[məːrdʒ]

어원 ⊙ (이질적인 것이 녹아들다)
圖 합병하다, 흡수하다, 녹아들다
merger 圓 합병

The country's two biggest banks are planning to **merge**.
그 나라의 2대 은행은 합병을 계획하고 있다.

---

immerse
[imə́ːrs]

어원 im「안에」+ mers「담그다」 ⊙ (물속에 담그다)
圖 담그다, 몰두시키다

The shells should be **immersed** in boiling water for two minutes.
조개는 2분간, 끓는 물에 담가 두세요.

---

submerge
[sʌbmə́ːrdʒ]

어원 sub「아래에」+ merg「담그다」 ⊙ (물속에 담그다)
圖 물에 잠그다(가라앉다), 몰두시키다
submergible 圈 물속에 잠길 수 있는, 수중용의 圓 잠수정

The submarine **submerged** when enemy planes were sighted.
적의 비행기가 관측됐을 때, 잠수함은 물속으로 들어갔다.

영어 네이티브(native)는 영어권에서 태어난 사람을 말하며, nature(자연)는 태어난 그대로의 상태이며, nation은 태어난 「국민, 국가」를 지칭한다.

native
[néitiv]

어원 nat「태어나다」+ ive「형접」 ◎ (태어난, 선천적으로 타고난)
- 형 출생지의, 타고난, 천부적인
- 명 토착인, 토착 동식물, 본토박이

His wife is a **native** Londoner but he is from Oxford.
그의 아내는 런던 태생의 토박이이지만, 그는 옥스퍼드 출신이다.

cognate
[kágneit]

어원 cog「함께」+ nat「태어나다」 ◎ (같이 태어났다)
- 명 같은 혈족, 동어원의 말
- 형 같은 모양의, 동종의, 동어원의

"Nature", "nation", and "native" are **cognates**.
'nature', 'nation', 'native'는 같은 어원의 말이다.

innate
[inéit]

어원 in「안에」+ nat「태어나다」 ◎ (선천적으로 타고난)
- 형 천부적인, 선천적인, 고유의

His **innate** sense of justice didn't allow him to tell a lie.
그는 타고난 정의감으로 거짓말을 못했다.

naturalize
[nætʃərəlàiz]

어원 nat「태어나다」+ al「형접」+ ize「시키다」
- 통 귀화시키다, (외국어 등을) 들여오다

He became **naturalized** as a Japanese.
그는 일본인으로 귀화했다.

137 na, nasc, gna (태어나다)

태어난 그대로 순진한 사람(naive)은 속기 쉽다.

---

naive
[nɑːíːv]

어원 na「태어나다」 + ive「형접」 ◐ (태어난 그대로의)
형 순진한, 속기 쉬운

It was **naive** of her to think that she would ever get her money back.
돈을 되찾을 수 있다고 생각하는 그녀는 속기 쉬운 사람이다.

---

natal
[néitl]

어원 nat「태어나다」 + al「형접」
형 출생지의, 출산의

Green turtles return to their **natal** island to breed.
녹색 거북이는 산란을 위해 태어난 섬으로 돌아온다.

---

renascent
[rinǽsənt]

어원 re「다시」 + nasc「태어나다」 + ent「형접」 ◐ (다시 태어나다)
형 재생하는, 부활하는
renascence 명 재생, 부흥

Voters have come back to a **renascent** Labour Party.
부활하는 노동당으로 유권자들이 돌아왔다.

---

pregnant
[prégnənt]

어원 pre「앞에」 + gna「태어나다」 + nt「형접」 ◐ (태어나기 전의)
형 임신한
pregnancy 명 임신

She's seven months **pregnant**.
그녀는 임신 7개월입니다.

138 nur, nour, nutr (기르다)

환자를 간병하는 간호사는 nurse이다.

---

nursery
[nə́:rsəri]

어원 nur「기르다」+ery「장소」 ➔ (기르는 곳)
명 보육원, 육아실, 양식장
nurse 명 간호부, 보육자 통 간호하다, 수유하다

My daughter goes to nursery every day.
내 딸은 매일 보육원에 다닌다.

---

nourish
[nə́:riʃ]

어원 nour「기르다」+ish「~로 하다」 ➔ (기르다)
통 기르다, 영양을 주다, 육성하다
nourishment 명 음식, 양육

Pigs can be nourished on any food.
돼지는 어떤 음식으로도 기를 수 있다.

---

nurture
[nə́:rtʃər]

어원 nur「기르다」+ure「명접」 ➔ (기르는 것)
명 양육, 교육 통 키우다, 육성하다

His job is to nurture young talent.
그의 일은 젊은 인재를 육성하는 것이다.

---

nutritious
[njuːtríʃəs]

어원 nutr「기르다」+ous「형접」 ➔ (영양분을 주어 기르다)
형 영양이 풍부한, 건강에 좋은
nutrition 명 영양

You have to eat nutritious meals to stay healthy.
건강을 유지하려면 영양가 있는 음식을 섭취하세요.

패키지여행에 빠지지 않는 옵션(option) 투어는 자유롭게 선택할 수 있는 투어이다.

option
[ápʃən]

어원 opt「선택하다」 + ion「명접」 ◐ (선택하는 일)
명 선택의 자유, 선택할 수 있는 물건
optional 형 마음대로 선택할 수 있는, 임의의

The program helps students explore career options.
그 프로그램은 학생이 직업 선택을 살피는데 도움을 준다.

opt
[ɑpt]

어원 opt「선택하다」
동 선택하다, 결정하다

When her parents divorced, she opted to live with her father.
부모가 이혼했을 때 그녀는 아버지와 같이 살기로 결정했다.

adopt
[ədápt]

어원 ad「쪽으로」 + opt「선택하다」
동 채용하다, 양자로 삼다, 차용하다
adoption 명 채용, 양자입양, 차용

They adopted George last month.
그들은 지난 달 조지를 양자로 삼았다.

co-opt
[kouápt]

어원 co「함께」 + opt「선택하다」
동 새 회원을 뽑다, 끌어들이다
co-optation 명 (새 위원의) 선출

She was co-opted into the kitchen to make pastry.
그녀는 파이 반죽을 만들기 위해 주방으로 불려갔다.

140 ound, und (흐르다, 물결치다)

서라운드(surround) 스피커에서 소리가 흘러나오듯 들려온다.

abound
[əbáund]

어원 ab「~에서 떨어져서」+ound「흐르다」 ⊙ (~에서 흘러나오다)

동 많이 있다, 풍부하다

The forests **abound** with deer, birds and squirrels.

숲에는 사슴, 새, 다람쥐가 많이 있다.

abundant
[əbʌ́ndənt]

어원 ab「~에서 떨어져서」+und「흐르다」+ant「형접」 ⊙ (~에서 흘러나올 정도의)

형 풍부한, 많이 있는
abundance 명 풍부, 부유

Plant fossils are **abundant** in some types of rock.

어떤 종류의 암석에는 식물의 화석이 많이 있다.

inundate
[ínəndèit]

어원 in「안에」+und「흐르다」+ate「~로 하다」 ⊙ (안으로 흘러들어가다)

동 범람시키다, 물에 잠기게 하다
inundation 명 침수, 범람

Floodwaters periodically **inundate** the lowlands of the state.

홍수가 주기적으로 주(州)의 저지대를 침수시킨다.

undulate
[ʌ́ndjulèit]

어원 und「물결치다」+ate「~로 하다」 ⊙ (수면을 치다)

동 물결치다, 파동하다
undulation 명 파동, 진동

The grass was **undulating**, glistening and gleaming.

잔디는 반짝반짝, 희미하게 빛나면서 물결을 치고 있었다.

141 pare, pair (동등하다, 나란히 서다)

pair = 페어는 「같은 종류 물건의 한 쌍」, separate는 「떨어져서(se) 나란히 서다」에서 「분리하다」라는 뜻이다.

repair
[ri:péər]

어원 re「다시」 + pair「나란히 서다」 ☉ (따로따로 떨어진 것을 다시 나란히 놓다)
[동] 수리하다 [명] 수리

How much will it cost to have the TV **repaired**?
텔레비전 수리는 얼마나 걸릴까요?

prepare
[pripéər]

어원 pre「앞에」 + pare「나란히 서다」 ☉ (미리 나란히 놓다)
[동] 준비하다, 대비하다, 마련하다
preparation [명] 준비, 대비

She is **preparing** a film version of the play.
그녀는 그 연극의 영화판을 준비하고 있다.

compare
[kəmpéər]

어원 com「함께」 + pare「나란히 서다」 ☉ (같이 나란히 서다)
[동] 비교하다, 예를 들다
comparison [명] 비교
comparative [형] 비교적인
comparable [형] 상당하다, 필적할만한

This store's prices are high **compared** to what some other stores charge.
이 가게의 상품 가치는 다른 가게에 비교해서 높다.

apparatus
[æpəréitəs]

어원 ap「~쪽으로」 + par「나란히 서다」 + tus「명접」 ☉ (작업을 위해 늘어놓은 것)
[명] 기구, 장치, 기구

The garage had an **apparatus** to lift cars up.
차고에 차를 들어 올리는 기구가 있었다.

142 pati, pass (고생하다, 아프다)

정열적인 꽃을 피우는 패션 프루트(passion fruit)는 먹음직스럽다.

---

passion
[pǽʃən]

어원 pass「고생하다」+ ion「명접」 ○ (격렬한 감정, 좋아하는 물건(사람))
명 열정, 격정
passionate 형 열정적인

She was two **passions** in life — her cats and opera.
그녀는 이 세상에서 좋아하는 게 두 가지 있는데, 고양이와 오페라입니다.

---

patient
[péiʃənt]

어원 pati「고생하다」+ ent「형접」 ○ (고생한)
형 인내심(참을성) 있는 명 환자
impatient 형 참을 수 없는, 성질 급한
patience 명 인내

Just be **patient** — dinner's almost ready.
조금 참아, 곧 저녁식사가 준비될 테니까.

---

compassion
[kəmpǽʃən]

어원 com「함께」+ pass「고생하다」+ ion「명접」 ○ (같이 고생한 일)
명 동정, 연민
compassionate 형 동정적인

He didn't feel any **compassion** for the victim of his crime.
그는 자기가 범한 범죄의 희생자에 대해 전혀 연민을 느끼지 않았다.

---

compatible
[kəmpǽtəbl]

어원 com「함께」+ pati「고생하다」+ ble「형접」 ○ (같이 고생할 수 있다)
형 공존할 수 있는, 모순이 없는
incompatible 형 공존할 수 없는, 모순하다
compatibility 명 적합성

Bill said he is lucky he and his roommate are **compatible**.
빌은 룸메이트와 잘 지내서 행운이라고 했다.

143 pend (매달다)

서스펜더(suspender)는 바지를 매는 멜빵이다.

pendulum
[péndʒələm]

어원 ○ (매다는 것)
명 (시계) 추, 진자, 흔들이

As we neared the center, we saw the **pendulum** clearly.
우리가 중심으로 다가가자 추가 확실히 보였다.

impending
[impéndiŋ]

어원 im「위에」+ pend「매달다」+ ing「하고 있다」○ (머리 위에 매달려 있다)
형 임박한, 절박한

The **impending** crisis over trade made everyone nervous.
무역을 둘러싸고 절박한 위기로 모두 신경을 곤두세우고 있다.

perpendicular
[pə̀ːrpəndíkjələr]

어원 per「완전히」+ pend「매달리다」+ ar「형접」○ (완전히 매달린)
형 직각의, 수직적인 명 수직(선/면)

The cliff was nearly **perpendicular** and impossible to climb.
그 절벽은 거의 수직으로, 등반할 수가 없다.

appendix
[əpéndiks]

어원 ap「~쪽으로」+ pend「매달리다」○ (~쪽으로 매달리다)
명 부록, 충수(蟲垂)
appendicitis 명 충수염, 맹장염

The **appendix** lists all the Olympic champions.
그 부록에는 올림픽 챔피언들이 열거돼 있었다.

★ depend : de「아래에」→ 의지하다 ★ suspend : sus「아래에」→ 매달리다
★ independent : in「가 아닌」→ 독립의 ★ pending : 미결정의

144 pend, pense (재다, 돈을 내다)

캐시 디스펜서(cash dispenser)는 현금지급기(ATM)를 말한다.

dispense
[dispéns]

어원 dis「떨어져서」+ pens「돈을 내다」 ⊙ (떨어진 곳에 있는 사람에게 돈을 내다)

图 분배하다, 베풀다, (약을) 조제하다
dispenser 图 자동판매기, 현금자동지급기

Is there a tourism agency that **dispenses** city maps?

도시 지도를 나눠주는 여행사는 있습니까?

expense
[ikspéns]

어원 ex「밖에」+ pend「돈을 내다」 ⊙ (밖에 있을 때 내는 돈)

图 비용, 경비
expensive 图 비싼

We have to start cutting down on our **expenses**.

우리는 경비 삭감을 시작해야 한다.

expend
[ikspénd]

어원 ex「밖에」+ pend「돈을 내다」 ⊙ (밖에 있을 때 낸다)

图 돈을 쓰다, 낭비하다
expenditure 图 경비, 지출

They **expend** all their energy fixing up their house.

그들은 집수리에 모든 에너지를 쓴다.

compensate
[kámpənsèit]

어원 com「함께」+ pens「돈을 내다」+ ate「~로 하다」 ⊙ (서로 돈을 내다)

图 보상하다, 배상하다
compensation 图 보상, 보충

His intelligence **compensates** for his lack of experience.

그의 지성은 경험 부족을 보완한다.

145 phas, phan, phen (나타나다)

판타지(fantasy, phantasy)는 머릿속에 떠오른 「공상, 환상」을 말한다.

phase
[feiz]

어원 phas(e)「나타나다」 ◐ (출현하는 것)
⦗명⦘ (문제, 사람 성격 등의) 면, (변화의) 단계

The first **phase** of renovations should be finished by January.

개혁의 제1단계는 1월까지는 끝내야 한다.

emphasize
[émfəsàiz]

어원 em「안에」 + phas「나타내다」 + ize「~로 하다」 ◐ (안에 들어가 존재를
보이는 것)
⦗동⦘ 강조하다
emphasis ⦗명⦘ 강조

She **emphasized** the importance of good nutrition.

그녀는 영양을 충분히 섭취해야 하는 중요성을 강조했다.

phantom
[fǽntəm]

어원 phan「나타나다」+tom「명접」 ◐ (눈에 보이는 것)
⦗명⦘ 유령, 환상, (미국의) 팬텀 전폭기

Suddenly a **phantom** appeared out of the mist.

갑자기 안개 속에서 유령이 나타났다.

phenomenon
[finámənàn]

어원 phen「나타나다」+menon「명접」 ◐ (눈에 보이는 것)
⦗명⦘ 현상(복수) phenómena

The same **phenomenon** was observed in New York.

같은 현상이 뉴욕에서도 관측되었다.

146 pict, paint (그림을 그리다)

페인트(paint)는 물감이나 붓으로 그림을 그리는 모양이나 형태를 의미한다.

picture
[píktʃər]

어원 pict「그림을 그리다」 + ure「명접」 ○ (그림을 그린 상태)
명 그림 통 ~를 상상하다

Try to **picture** yourself lying on a beach in the hot sun.
뜨거운 태양이 내리쬐는 해변에 누워 있는 걸 상상해 보세요.

pictorial
[piktɔ́:riəl]

어원 pict「그림을 그리다」 + ial「형접」 ○ (그림을 그린 듯한)
형 그림과 같은, 생생한, 그림이 들어간

He gave a **pictorial** description of what he had seen there.
그는 거기서 본 것을 생생하게 표현했다.

picturesque
[pìktʃərésk]

어원 pict「그림을 그리다」 + esque「~풍의」 ○ (그림을 그린 듯한)
형 생생한, 그림과 같은

We strolled through the **picturesque** streets of the old city.
우리는 구시가지의 그림 같은 거리를 산책했다.

depict
[dipíkt]

어원 de「아래에」 + pict「그림을 그리다」
통 (그림을 그려서) 표현하다, 그림을 그리다, 묘사하다
depiction 명 묘사

The movie **depicts** his father as a tyrant.
그 영화는 그의 아버지를 폭군으로 묘사하고 있다.

147 plea, pla(c) (기쁘게 하다)

비틀즈의 노래 'Please Please Me'는 「나를 즐겁게 해줘」라는 뜻을 담고 있다.

pleasant
[plézənt]

어원 plea「기쁘게 하다」+ant「형접」 ☺ (사람을 기쁘게 하다)

형 느낌이 좋은, 유쾌한
please 동 기쁘게 하다
pleasure 명 즐거움

She's always **pleasant** to everybody.
그녀는 항상 모두에게 싹싹하다.

placate
[pléikeit]

어원 plac「기쁘게 하다」+ate「~로 하다」 ☺ (화내는 사람을 기쁘게 하다)

동 달래다, (노여움을) 누그러뜨리다
placable 형 달래기 쉬운, 온화한

She's more easily **placated** than her husband.
그녀의 남편보다 그녀가 달래기 쉽다.

placid
[plǽsid]

어원 plac「기쁘게 하다」+id「형접」 ☺ (사람을 즐겁게 하는)

형 온화한, 침착한

The **placid** lake was perfect for canoeing.
온화한 호수는 카누를 하기에 안성맞춤이었다.

complacency
[kəmpléisənsi]

어원 com「완전히」+plac「기쁘게 하다」+ency「명접」 ☺ (완전히 즐거워하고 있고 상태)

명 자기 만족, 평온한 만족감, 자기도취
complacent 형 자기 만족의, 독선적인

We're finally making a profit, but there is no reason for **complacency**.
우리는 드디어 이익을 봤지만, 만족할 만한 상태는 아니다.

148 plau, plod (치다, 박수치다)

어플로즈(applause)는 '박수갈채' 라는 뜻이다.

applaud
[əplɔ́:d]

어원 ap「~쪽으로」+ plaud「치다」 ○ (~쪽을 향해 손을 치다)
통 박수치다, 칭찬하다
applause 명 박수갈채

We **applauded** the family's decision to protect the privacy of their child.
우리는 그 가족이 아이의 사생활을 지키려고 한 결심에 박수를 보냈다.

plausible
[plɔ́:zəbl]

어원 plaus「치다」+ ible「할 수 있다」 ○ ("과연 그렇군!"이라며 손을 칠 수 있다)
형 그럴듯한, 정말 같은

He made a **plausible** excuse for being late.
그는 지각한 일을 그럴듯하게 변명했다.

explode
[iksplóud]

어원 ex「밖에」+ plod「치다」 ○ (손을 쳐서 밖으로 내보낸다)
통 폭발하다(시키다), 폭발적으로 증가하다
explosion 명 폭발
explosive 형 폭발적인

Two persons were killed and 13 injured when a bomb **exploded** in a mosque.
모스크(회교 사원)에서 폭탄이 폭발했을 때, 2명이 사망했고, 13명이 부상을 입었다.

implode
[implóud]

어원 im「안에」+ plod「치다」 ○ (안에서 손을 치다)
통 안쪽으로 파열하다
implosion 명 내파(內破)

The jet's engine may have **imploded**.
제트 엔진이 안에서 폭발했을지도 모른다.

149 plen, plete (채우다)

plenty는 충분히 있는 것이나 풍부한 것을 나타낸다.

complete
[kəmplíːt]

어원 com「완전히」+ plete「채우다」 ◑ (완전히 채워진) ◑ (완전한)
형 완전한 통 완료하다, 완성시키다
completion 명 완료, 완성
The building took two years to complete.
(그 빌딩은 완성하는 데 2년 걸렸다)

The meeting was a **complete** waste of time.
그 회의는 완전히 시간낭비였다.

deplete
[diplíːt]

어원 de「떨어져서」+ plete「채우다」 ◑ (가득 찬 상태에서 떨어져서)
통 고갈시키다, 다 쓰다
depletion 명 고갈, 감소

Salmon populations have been severely **depleted** recently.
요즘 연어 개체군이 심각하게 고갈되고 있다.

replete
[riplíːt]

어원 re「다시」+ plete「채우다」
형 충분히 준비한, 포식한

After two helpings of dessert, he was at last **replete**.
그는 디저트를 두 번이나 먹은 후에야 겨우 배가 불러왔다.

replenish
[ripléniʃ]

어원 re「다시」+ plen「채우다」+ ish「~로 하다」
통 다시 채우다, 보급하다

Shall I **replenish** your glass with more beer?
잔에 맥주를 더 채울까요?

apply는 학교나 회사에 들어가고 싶어서 신청하는 것을 말한다.

apply
[əplái]

어원 ap「~쪽에」+ ply「접다」 ◑ (~쪽으로 접다) ◑ (원서를 접어서 봉투에 넣다)
동 신청하다, 적용하다(되다), (물건을) 대다
application 명 적용, 신청
applicant 명 신청자

She **applied** for admission to law school.
그녀는 법률학교에 입학을 신청했다.

reply
[riplái]

어원 re「원래 있던 곳으로」+ ply「접다」 ◑ (접어서 원래대로 하다)
동 대답하다, 답장을 하다 명 대답, 답장

She asked him how old he was but he didn't **reply**.
그녀는 그에게 몇 살이냐고 물었지만 대답은 없었다.

imply
[implái]

어원 im「안에」+ ply「접다」 ◑ (안으로 접다)
동 암시하다, 의미하다, 포함하다
implication 명 포함, 암시, 함축

He **implied** (that) the error was mine.
그는 그게 내 실수라는 것을 넌지시 비쳤다.

employ
[emplói]

어원 em「안에」+ ploy「접다」 ◑ (안으로 접다) ◑ (감싸다)
동 고용하다, 사용하다
employee 명 사용인, 종업원
employment 명 고용, 직장, 사용

The factory **employs** 100 workers.
그 공장은 100명의 노동자를 고용하고 있다.

151 ple, pli, ply (채우다)

건강에 필요한 영양분을 채우는 것을 서플리먼트(supplement)라고 한다.

supplement
[sʌ́pləmènt]

어원 sup「sub 아래로」+ple「채우다」+ment「명접」 ○ (위에까지 채우는 것)
동 보충하다 명 보충, 부록
supply 동 공급하다 명 공급

She got a second job to **supplement** her income.
그녀는 수입을 보충하기 위해 제2의 직장을 구했다.

complement
[kɑ́mpləmənt]

어원 com「완전히」+ple「채우다」+ment「명접」 ○ (완전히 채워진 상태)
동 보완하다, 보충하다 명 보완하는 것, 보어

Buy a scarf that **complements** your dress.
드레스를 완벽하게 할 수 있는 스카프를 사도록 해.

compliment
[kɑ́mpləmənt]

어원 com「완전히」+pli「채우다」+ment「명접」 ○ (상대의 마음을 완전히 채우는 것)
동 찬사를 표하다 명 찬사, 칭찬하는 말

I **complimented** Robert on his great cooking.
로버트의 요리가 훌륭하다고 칭찬했다.

implement
[ímpləmənt]

어원 im「안에」+ple「채우다」+ment「명접」 ○ (안을 채우는 것) ○ (보충된 것)
동 (요구, 조건을) 채우다, (계획, 약속을) 실행하다 명 도구, 기구

Congress refused to pass the bill that would **implement** tax reforms.
국회는 세금제도 개혁을 실행하는 법안 통과를 거부했다.

152 ple, pli, plu(s) (채우다)

플러스(plus), 마이너스(minus), 제로(zero)는 각각 '더하다, 빼다, 무(無)'라는 의미를 담고 있다.

surplus
[sə́:rplʌs]

어원 sur「넘어서」+ plu「채우다」 ◑ (가득 채운 상태를 넘어서)

⑱ 잉여, 과잉 ⑲ 남은

The government is forecasting a budget **surplus** this year.

정부는 올해 추가 예산의 예고를 하고 있다.

plural
[plú:rəl]

어원 plu「채우다」+ al「형접」 ◑ (가득 차다)

⑱ 복수(형) ⑲ 복수의

"Geese" is the **plural** of "goose."

geese는 goose(거위)의 복수형이다.

accomplish
[əkámpliʃ]

어원 ac「~쪽으로」+ com「완전히」+ pli「채우다」+ ish「~로 하다」 ◑ (완전히 채운 상태로 하다)

⑧ 성취하다, (임무 등을) 이루다, 완성하다
accomplishment ⑱ 수행, 업적

He said he had **accomplished** everything he set out to do.

그는 자기가 시작한 일은 모두 성취했다고 했다.

plenary
[plí:nəri]

어원 ple「채우다」+ ary「형」 ◑ (가득 하다) ◑ (출석자가 많은)

⑲ (회의 등에) 전원 출석한, 절대적인

There will be a **plenary** session next month.

다음 달은 본회의가 있다.

153 plic, ploi, ple (접다, 직물을 짜다)

simple은 「한 번만 접은」에서 「단순한」이라는 뜻으로 사용된다.

---

implicit
[implísit]

어원 im「안에」 + pli「접다」 + it「수동태」 ➡ (안으로 접힌)
형 암묵의, 무조건의

We interpreted his silence as **implicit** agreement.
우리는 그의 침묵을 묵시적 동의로 해석했다.

---

explicit
[iksplísit]

어원 ex「밖에」 + pli「접다」 + it「수동태」 ➡ (밖으로 접힌)
형 명백한, 명쾌한

I gave them **explicit** directions on how to get there.
그들은 거기 가는 방법에 대해 명쾌한 지시를 내렸다.

---

complicated
[kámpləkèitid]

어원 com「함께」 + pli「접다」 + ate「~로 하다」 + ed「형접」 ➡ (같이 접혀진)
형 복잡한, 어려운, 난해한
complicate **동** 복잡하게 하다

He gave me directions, but they were so **complicated** I got lost.
그는 나에게 여러 가지 지시를 내렸지만, 너무 복잡해서 길을 잃어버렸다.

---

exploit
[iksplóit]

어원 ex「밖에」 + ploi「접다」 ➡ (닫혀져 있는 것을 접어서 밖으로 펴다)
동 개발하다, 촉진하다, 착취하다 **명** 위업
exploitation **명** 개발, 착취

Factories here are coming under criticism for **exploiting** workers.
여기 공장들은 노동자 착취로 비판을 받고 있다.

154 plo(y), play (접다, 직물을 짜다)

쇼윈도에 접히지 않고 펴져 있는 디스플레이(display) 상품은 색이 바랜다.

---

display
[displéi]

어원 dis「없다」 + play「접다」 ◐ (접지 않고 펼친다)

图 전시하다, 밖에 드러내다 图 전시, 표시

The Van Gogh Museum will **display** 135 of his paintings.
반 고흐 미술관에서는 그의 135점의 작품이 전시되어 있다.

---

deploy
[diplɔ́i]

어원 de「떨어져서」 + ploy「접다」 ◐ 「접은 상황에서 떨어져서) ◐ (접은 선
을 잡아 넓힌다)

图 배치하다, 배치시키다

U.N. troops were **deployed** to keep the peace.
유엔군이 평화유지를 위해 배치되었다.

---

diploma
[diplóumə]

어원 di「둘」 + plo「접다」 ◐ (둘로 접힌 편지)

图 면허장, 졸업증서

Everyone was given a **diploma** at the end of the course.
코스 마지막에 전원이 졸업증서를 받았다.

---

diplomatic
[dìpləmǽtik]

어원 di「둘」 + plo「접다」 + tic「형접」 ◐ (둘로 접혀진 편지의)

图 외교상의, 외교적 수완이 있는
diplomacy 图 외교, 밀고 당기기
diplomat 图 외교관

The two countries established **diplomatic** relations last year.
그 두 나라는 작년에 외교 관계를 수립했다.

155 plex, plic (접다, 직물을 짜다)

레플리카(replica)는 「다시 한 번 접어 겹친 복제」, 몇 번이고 접으면 복잡(complex)해진다.

complex
[kámpleks]

어원 com「함께」+ plex「접다」⊙ (서로 얽혀 복잡학 된 것)
⊙ 복잡한, 복합의 ⊙ 복합체, 종합 빌딩, 강박 관념, 콤플렉스
I think he has a complex about being bald.
(그는 자기 대머리에 콤플렉스를 가지고 있다고 생각해.)

It's a very **complex** issue to which there is no straightforward answer.
그건 직접적인 대답이 없는 매우 복잡한 문제입니다.

perplex
[pə:rpléks]

어원 per「완전히」+ plex「접다」⊙ (완전히 접힌 상태로 하다)
⊙ 당혹시키다, 혼란시키다
perplexity ⊙ 당혹, 혼란

The disease has continued to **perplex** doctors.
그 병은 의사들을 계속 혼란시켰다.

replicate
[répləkèit]

어원 re「다시」+ pli「접다」+ ate「~로 하다」
⊙ 접어 젖히다, 재생하다 ⊙ 재생된

Chromosomes **replicate** before cells divide and multiply.
염색체는 세포가 분열하여 증식하기 전에 재생한다.

supplicate
[sʌpləkèit]

어원 sup「sub 아래로」+ pli「접다」+ ate「~로 하다」⊙ (아래에 발을 접다) ⊙
(무릎을 꿇다)
⊙ 탄원하다, 간청하다, 애원하다
supplication ⊙ 탄원, 기원

They **supplicated** to God for mercy.
그는 신의 자비에 간청했다.

156 pon(e), poun (놓다)

스테레오 컴퍼넌트(component)는 구성 부분을 말한다.

component
[kəmpóunənt]

어원 com「함께」+ pon「놓다」+ ent「명접」 ⊙ (같이 놓인 것)

圀 구성요소, 성분 圀 형성하는

Researchers have identified the substance's chemical **components**.

연구자들은 그 물질의 화학 성분을 밝혀냈다.

compound
[kámpaund]

어원 com「함께」+ poun「놓다」 ⊙ (같이 놓은 것)

圀 혼합물, 지역, 지구 圀 혼합의 圀 구성하다, 섞다

Sulfur dioxide is a **compound** of sulfur and oxygen.

이산화유황은 황산과 산소의 혼합물이다.

opponent
[əpóunənt]

어원 op「~에 대해」+ pon「놓다」+ ent「사람」 ⊙ (거역해서 놓인 사람)

圀 적대자, 상대 圀 반대하는, 대립하는

In the second game, her **opponent** hurt her leg and had to retire.

두 번째 시합에서 그녀의 상대는 다리에 부상을 입어 기권해야 했다.

proponent
[prəpóunənt]

어원 pro「앞에」+ pon「놓다」+ ent「사람」 ⊙ (자기 앞에 두는 사람)

圀 지지자, 제안자

He is one of the leading **proponents** of capital punishment.

그는 사형을 지지하는 가장 선도적인 사람 중 하나다.

157 pose, posit (놓다)

팔꿈치를 테이블에 대고 포즈(pose)를 잡은 모델이 매우 고혹적이다.

---

suppose
[səpóuz]

어원 sup「아래에」+ pose「놓다」 ◎ (판단 하에 두다)
图 가정하다, 생각하다
supposition 명 가정, 상상, 추측

It is widely **supposed** that the minister will be forced to resign.
장관은 물러날 수밖에 없으리라고 널리 추측되었다.

---

dispose
[dispóuz]

어원 dis「떨어져서」+ pose「놓다」 ◎ (하나의 물건을 따로따로 놓다)
图 배열하다, 의욕을 불러일으키다, 처리하다 (of)
disposition 명 배열, 기질, 마음, 처리
disposal 명 처분(권)

We will have to **dispose** of the mice in the attic.
우리는 다락방의 쥐들을 처리해야 한다.

---

depose
[dipóuz]

어원 de「아래에」+ pose「놓다」 ◎ (아래 지위에 놓다)
图 (높은 지위에서) 물러나다
deposition 명 (고관의) 면직

King Charles I was **deposed** from the English throne in 1646.
찰스 1세는 1646년에 영구 왕위에서 물러났다.

---

repose
[ripóuz]

어원 re「다시」+ pose「놓다」 ◎ (집에 돌아가 다시 몸을 놓다)
图 휴식하다, 기재되어 있다 명 휴식, 수면

She **reposed** on the sofa.
그녀는 소파에서 쉬었다.

★ compose : com「함께」→ 구성하다 ★ expose : ex「밖에」→ 노출시키다
★ impose : im「위에」→ 강요하다 ★ oppose : op「반대로」→ 반대하다

158 pose, posit (놓다)

2009년의 인천 엑스포(exposition)는 성공적으로 개최되었다.

exposition
[èkspəzíʃən]

어원 ex「밖에」+ posit「놓다」+ ion「명접」 ○ (앞에 놓아두는 것)
명 전람회, 제시, 설명

It purports to be an **exposition** of Catholic social teaching.
그건 가톨릭 사회의 가르침을 설명하는 것이라고 한다.

positive
[pázətiv]

어원 posit「놓다」+ ive「형접」 ○ (자기 의사로 놓다)
형 적극적인, 긍정적인, 자신 있는, 양성의
부 물론
positively 부 명확하게, 단호히, 물론

"Are you sure you don't want another drink?" "**Positive.**"
"정말 한 잔 더 안하시겠어요?" "물론 해야죠."

deposit
[dipázit]

어원 de「떨어져서」+ posit「놓다」 ○ (자기가 있는 곳에서 떨어뜨려 놓다)
통 예금하다, 놓다 명 예금, 보증금

You should **deposit** this money in your bank account.
이 돈을 은행계좌에 예금하는 게 좋겠어요.

opposition
[àpəzíʃən]

어원 op「~에 대해」+ posit「놓다」+ ion「명접」 ○ (거역하고 두는 것)
명 반대, 저항

The unions are in **opposition** to the government over the issue of privatization.
노동조합은 민영화 문제에 대해 정부에 반대한다.

159 prehend, pren (잡다)

히어링 테스트(hearing test)란 「청력 검사」, 영어를 듣고 이해력을 시험하는 테스트는 리스닝 테스트(listening comprehension test)를 말한다.

comprehend
[kὰmprihénd]

어원 com「함께」+ prehend「잡다」 ◑ (함께 붙잡다) ◑ (파악하다)
통 이해하다, 파악하다, 포함하다
comprehension 명 이해(력)

He doesn't seem to **comprehend** the scale of the problem.
그는 그 문제의 중대함을 이해하지 못한 듯하다.

comprehensive
[kὰmprihénsiv]

어원 com「함께」+ prehen「잡다」+ sive「형접」
형 이해력이 있는, 포괄적인

We offer you a **comprehensive** training in all aspects of the business.
우리는 당신에게 비즈니스의 모든 종합적 훈련을 제공합니다.

apprehend
[æ̀prihénd]

어원 ap「~쪽으로」+ prehend「잡다」 ◑ (잡으러 가다)
통 체포하다, 우려하다
apprehension 명 체포, 우려

The police have finally **apprehended** the killer.
경찰은 드디어 그 살인범을 체포했다.

apprentice
[əpréntis]

어원 ◑ (스승의 기술을 잡은 사람)
명 견습생, 사제, 초심자 통 견습생으로 보내다
apprenticeship 명 견습생(의 신분)

Most of the work was done by **apprentices**.
그 일의 대부분은 견습생이 한 것이다.

놀라게 하다(surprise)는 「위에서(sur) 잡다」라는 뜻을 내포하고 있다.

prison
[prízən]

어원 ● (잡혀 있는 곳)

명 형무소, 감옥, 수감
prisoner 명 죄수, 포로

He's spent a lot of time in prison.
그는 긴 시간 형무소에서 지내고 있다.

imprison
[imprízən]

어원 im「안에」+ prisson「형무소」 ● (형무소 안에 넣다)

동 투옥하다, 구속하다
imprisonment 명 투옥, 유치

He was imprisoned in 1965 for attempted murder.
그는 살인미수로 1965년에 투옥되었다.

enterprise
[éntərpràiz]

어원 enter「inter 사이에」+ prise「잡다」 ● (위험한 물건을 양손으로 잡는 것)

명 (모험적) 사업, 모험심, 기업

The U.S. and Russia are working together on a new scientific enterprise.
미국과 러시아는 신과학 사업을 함께 하고 있다.

comprise
[kəmpráiz]

어원 com「함께」+ prise「잡다」 ● (같이 잡아서 포괄하다)

동 포함하다, 구성하다

The class is comprised mainly of Italian and French students.
그 반은 주로 이탈리아와 프랑스 학생으로 구성돼 있다.

161 prove (시험하다, 증명하다, 이익)

워터 프루프(waterproof) 마크는 물 속에서 견딜 수 있다는 증명이다.

prove
[pru:v]

어원 prove「증명하다」
통 증명하다, ~라는 게 밝혀지다
proof 명 증명, 증거
Do they have any proof that it was Hampson who stole money?
(이 돈을 훔친 사람이 햄프슨이라는 증거는 있습니까?)

The operation **proved** a complete success.
그 수술은 완전한 성공이었다.

improve
[imprú:v]

어원 im「안에」+ prove「이익」 ◑ (이익 속에) ◑ (이익을 가져오다)
통 개량하다, 개선하다, 좋아지다

I think the best way to **improve** your French is to live in France.
프랑스어를 잘하는 가장 좋은 방법은 프랑스에서 사는 거라고 생각한다.

approve
[əprú:v]

어원 ap「~쪽으로」+ prove「이익」 ◑ (이익을 향해서) ◑ (사람에게 이익이 되도록)
통 찬성하다, 시인하다
approval 명 찬성, 시인

I **approve** of what the government is doing.
나는 정부가 하는 일에 찬성한다.

reprove
[riprú:v]

어원 re「뒤로」+ prove「이익」 ◑ (이익과 반대로) ◑ (사람에게 이익이 되지 않도록)
통 비난하다, 질책하다
reproof 명 비난, 잔소리

He was **reproved** by his boss for smoking in the office.
그는 사무실에서 흡연해서 상사에게 비난을 받았다.

162 prob (시험하다, 증명하다, 이익)

「아마도」를 나타내는 maybe, perhaps는 일어날 확률이 50%, probably는 80% 이상이다.

probable
[prábəbl]

어원 prob「증명하다」+ able[할 수 있다」 ◎ (증명할 수 있는)

(형) 있을 것 같은, 그럴듯한, 가능성이 있는
probably (부) 아마도, 꼭
probability (명) 예상, 확률

It is **probable** that share prices will fall still further.
아마도 주가는 더욱 떨어질 것이다.

probation
[proubéiʃən]

어원 prob「시험하다」+ tion「명접」 ◎ (시험하는 것)

(명) 시험, 시험기관, 보호관찰, 집행유예
probate (통) (유언서를) 검토하다

He was fined and given two years' **probation**.
그는 벌금을 물고 2년간의 집행유예를 받았다.

probe
[proub]

어원 ◎ (시험해서 증명하다)

(통) 철저하게 조사하다, 탐사하다 (명) 조사(를 위한 용구)

I don't want to **probe** too deeply into your personal affairs.
당신의 개인적인 문제를 그렇게 깊이 알고 싶지 않다.

approbate
[ǽprəbèit]

어원 ap「~쪽으로」+ prop「이익」+ ate 「~로 하다」 ◎ (사람의 이익이 되도록)

(명) 허가하다, 찬성하다
approbation (명) 허가, 찬성
reprobate (통) 강하게 비난하다, 거절하다

The council has finally **approbated** the plan.
의회는 그 계획을 드디어 승인했다.

163 quiet, quit, quil (해방하다)

「조용한(quiet)」은 소음, 동요에서 해방된 상태를 의미한다.

---

quiet
[kwáiət]

어원 ➊ (소음, 동요에서 해방된)
[형] 조용한, 온화한, 말이 없는, 수수한
[명] 고요

Even on a quiet weekend there are plenty of people on the beach.
조용한 주말에도 해변에는 많은 사람들이 있다.

---

quit
[kwit]

어원 ➊ (하고 있는 것에서 해방하다)
[동] 그만두다, 중지하다

She has decided to quit show business.
그녀는 연예계를 그만두겠다고 결심했다.

---

acquit
[əkwít]

어원 ac「～쪽으로」 + quit「해방하다」 ➊ (감옥에서 밖으로 해방하다)
[동] 석방하다, 무죄로 하다
acquittal [명] 무죄방면

She was acquitted of all the charges against her.
그녀에게 가해진 죄는 모두 무죄가 되었다.

---

tranquil
[trǽŋkwil]

어원 tran「넘어서」 + quil「해방하다」 ➊ (소음이나 동요에서 해방되어)
[형] 조용한, 평온한
tranquility [명] 정숙
tranquilize [동] 조용히 시키다, 진정시키다

The hotel is in a tranquil rural setting.
그 호텔은 조용한 시골 환경에 있다.

164 roga (묻다)

임신한 친구의 배를 보고 「기분이 어떠니?」라고 묻는 임신 미경험 여성

surrogate
[sə́ːrəgèit]

어원 sur「넘어서」+ roga「묻다」+ ate「형접」 ◎ (본인을 넘어서 묻는다)
형 대리의 명 대리인 통 대리를 시키다
surrogacy 명 대리모 제도

William was acting as a **surrogate** father for his brother's son.
윌리엄은 형의 아들의 대리 아버지로 행동했다.

arrogant
[ǽrəgənt]

어원 ar「~쪽으로」+ roga「묻다」+ ant「형접」 ◎ (심문하여 자기 것으로 한다)
형 거만한, 무례한
arrogate 통 가로채다, 마음대로 하다

How **arrogant** of her to say that!
그녀가 그런 말을 하다니 정말 무례하구나!

derogatory
[dirágətɔ̀ːri]

어원 de「아래에」+ roga「묻다」+ ate「~로 하다」+ ory「형접」 ◎ (물어서 사람을 떨어뜨리다)
형 (명예·품격·가치등을) 손상하는, 경멸적인
derogate 통 상처를 주다

You shouldn't make **derogatory** remarks about members of your family.
자기 가족에게 모욕적인 말을 해서는 안 된다.

interrogate
[intérəgèit]

어원 inter「사이에」+ rog「묻다」+ ate「~로 하다」 ◎ (사이에 들어가서 묻다)
통 질문하다, 취조하다
interrogative 형 질문의

The suspects were **interrogated** by the police.
용의자들이 경찰의 취조를 받았다.

165 sal, sault, sail (튀다)

소금(salt)은 혀가 튀어오를 것 같이 얼얼하다. 연어(salmon)는 수면을 거슬러 오른다.

sally
[sǽli]

어원 ○ (앞으로 나아가다)
통 출격하다, 힘차게 나가다
명 출격, 갑작스런 시작, 돌발

Every afternoon she **sallied** forth to do the shopping.
매일 오후가 되면 그녀는 쇼핑하러 씩씩하게 외출했다.

salient
[séiliənt]

어원 sal「튀다」+ ent「형접」 ○ (튀어나올 것 같은)
형 현저한, 눈에 띄는

Four **salient** points emerged from our study.
우리가 한 연구에서 4가지 눈에 띄는 점이 부각되었다.

assault
[əsɔ́:lt]

어원 as「~쪽으로」+ sault「튀다」 ○ (~를 향해 튀어 오르다)
명 습격, 강간 통 습격하다, 폭행하다

The refugee camp came under **assault** again last night.
난민 캠프는 어젯밤 다시 습격당했다.

assail
[əséil]

어원 as「~쪽으로」+ sail「튀다」 ○ (~를 향해 튀어 오르다)
통 습격하다, 맹공하다, 괴롭히다
assailant 명 공격자, 가해자

The smell of rotten meat **assailed** her nostrils.
썩은 고기 냄새가 그녀의 코를 자극했다.

166 sult (튀다)

올림픽 철봉 금메달리스트 여홍철 선수가 구사한 「뒤로 2회전 공중돌기」는 고난이도에 해당한다.

result
[rizʌ́lt]

어원 re「뒤로」+sult「튀다」 ○ (튀어서 되돌아온 것)
동 ~의 결과 생기다 **명** 결과

The arrests **resulted** from an anonymous telephone call.
그 체포는 익명의 전화 결과로 생긴 것이다.

insult
[insʌ́lt]

어원 in「위에」+sult「튀다」 ○ (상대에게 덤벼들다)
동 모욕하다 **명** 모욕, 모욕적 언동

She has no right to **insult** us like that.
그녀는 우리를 그렇게 모욕할 권리가 없다.

exultant
[igzʌ́ltənt]

어원 ex「밖에」+ult「튀다」+ant「형접」 ○ (밖에서 뛰어 오르다)
형 승리를 뽐내는, 열광적인
exult **동** 기뻐 날뛰다
exultation **명** 크게 기뻐함, 환희

Crowds of **exultant** people waved flags and sang.
열광적인 군중이 국기를 흔들고 노래를 불렀다.

desultory
[désəltɔ̀:ri]

어원 de「떨어져서」+sult「튀다」+ory「형접」 ○ (떨어진 곳에서 뛰어 오르다)
형 변덕스러운, 일관성이 없는

She works in a **desultory** way and completes nothing.
그녀는 변덕스럽게 일을 해서 아무것도 끝내지 않는다.

167 scend, scent, scal (오르다)

에스컬레이터(escalator)로 아래에서 위로 올라간다.

---

scale
[skeil]

어원 scal「오르다」 ⊙ (단계가 지어져 있는 것)
- 통 (사다리, 절벽을) 기어오르다
- 명 계단, 스케일, 눈금

They never dreamed of **scaling** such dizzy heights.
그들은 그렇게 아찔한 정도로 높은 곳을 기어오르는 건 꿈에도 생각지 못했다.

---

descend
[disénd]

어원 de「아래에」 + scend「오르다」 ⊙ (내려가다)
- 통 내려가다, 전하다, 유래하다
- **descent** 명 내려오는 것, 타락
- **descendant** 명 자손

He slowly **descended** the stairs.
그는 천천히 계단을 내려갔다.

---

ascend
[əsénd]

어원 a「~쪽으로」 + scend「오르다」 ⊙ (위로 오르다)
- 통 오르다, 올라가다, 거슬러 올라가다
- **ascent** 명 상승, 향상

They began slowly **ascending** the rock face.
그들은 암벽을 천천히 오르기 시작했다.

---

transcend
[trænsénd]

어원 tran「넘어서」 + scend「오르다」
- 통 넘다, 초월하다

Gandhi helped people **transcend** political and class barriers.
간디는 사람들이 정치적, 계급적 장애를 넘을 수 있도록 도왔다.

168 secute (추구하다)

익제큐티브(executive)는 이익을 철저히 추구하는 기업의 임원 중에 경영자를 나타내는 표현이다.

---

executive
[igzékjutiv]

어원 ex「완전히」+ ecute「추구하다」+ ive「형접」 ◐ (이익을 철저히 추구하다)
명 중역, 행정관, 임원
형 실행의, 집행권이 있는

We were visited by a young **executive** from a small computer company.
우리는 작은 컴퓨터 회사의 젊은 임원의 방문을 받았다.

---

execute
[éksikjù:t]

어원 ex「완전히」+ ecute「추구하다」 ◐ (철저히 추궁하여 처형하다)
통 실행하다, 처형하다
execution 명 실행, 처형

The state will **execute** him in 24 hours unless his appeal is granted.
그의 청원이 인정되지 않으면 국가는 그를 24시간 후에 처형할 것이다.

---

persecute
[pə́:rsikjù:t]

어원 per「완전히」+ secute「추구하다」 ◐ (완전히 막바지로 몰다)
persecution 명 박해, 학대

Jews were **persecuted** for their beliefs.
유대인은 그들의 신앙 때문에 박해를 박았다.

---

prosecute
[prásəkjù:t]

어원 pro「앞에」+ secute「추구하다」 ◐ (재판관 앞에 오도록 추궁하다)
통 기소하다, 고소하다
prosecution 명 기소, 고소

The politician was **prosecuted** for corrupt practices.
그 정치가는 뇌물죄로 기소됐다.

169 sequ, sec (계속되다)

섹트(sect) = 「종교, 파벌」의 교의에 따른다. 세컨드(second)는 첫 번째를 잇는 「두 번째」를 뜻한다.

sequel
[síːkwəl]

어원 sequ「계속되다」 + el「작다」
명 속편, 후편, 결과

'Batman 2' was a rare example of a **sequel** being better than the original.
'배트맨2' 는 속편이 원작보다 훌륭한 드문 경우였다.

sequence
[síːkwəns]

어원 sequ「계속되다」 + ence「명접」 ◐ (계속 하는 것)
명 연속, 순서
sequent 형 연속하다

When you use a computer, you must follow a **sequence** of commands.
컴퓨터를 사용할 때는 일련의 지시를 따라야 한다.

consequent
[kánsikwənt]

어원 con「함께」 + sequ「계속되다」 + ent「형접」 ◐ (같이 계속되는 것)
형 결과의, 필연적인
consequence 명 결과, 결론, 중요

The drought and **consequent** famine struck most of the country.
가뭄과, 그로 인해 발생한 기아가 그 나라의 대부분을 덮쳤다.

subsequent
[sʌ́bsikwənt]

어원 sub「아래에」 + sequ「계속되다」 + ent「형접」 ◐ (뒤에 계속되다)
형 다음의, 결과로서 일어나는

These skills were passed on to **subsequent** generations.
이들 기술은 다음 세대로 이어졌다.

170 sid (앉다, 나란히 있다)

side「측면」은 옆에 나란히 있는 것에서 유래되었다.

reside
[rizáid]

어원 re「뒤에」 +side「앉다」 ○ (넉넉히 앉아 있다)
통 거주하다, 주재하다, 존재하다
resident 명 거주자
residential 형 주택의

At that time there were many American writers **residing** in Paris.
당시 많은 미국인이 파리에 거주했었다.

subside
[səbsáid]

어원 sub「아래에」 +side「앉다」 ○ (아래로 앉다)
통 푹 앉다, 가라앉다

The pain should **subside** in an hour or two.
한두 시간만 있으면 통증이 사라질 것이다.

preside
[prizáid]

어원 pre「앞에」 +side「앉다」 ○ (모두의 앞에 앉다)
통 의장을 수행하다, 사회를 보다, 주재하다
president 명 대통령, 의장, 회장, 사장

I'd be pleased to **preside** at your reception.
당신의 환영회 사회를 맡게 돼서 영광입니다.

assiduous
[əsídʒuəs]

어원 as「~쪽으로」 +sid「앉다」 +ous「형접」 ○ (책상 앞에 앉아 있다)
형 근면한, 부지런한, 끈기 있는

He was not an **assiduous** student.
그는 근면한 학생이 아니었다.

171 sess, sed, sid (앉다)

세단(sedan)은 5, 6명이 앉을 수 있는 승용차이다. 환경 어세스먼트(assessment)로 환경을 평가하다.

---

assess
[əsés]

어원 as「~쪽으로」+ sess「앉다」 ○ (옆에 앉아 평가하다)
동 평가하다, 사정(査正)하다
assessment 명 평가, 사정

I took the ring to a jeweller to have its value **assessed**.
우리는 그 반지를 감정받기 위해 보석상에 갔다.

---

session
[séʃən]

어원 sess「앉다」+ ion「명접」 ○ (앉아 있는 상태)
명 (의회의) 개회, 회기, 학기

Is the Supreme Court still in **session**?
대법원은 아직 개정(開廷) 중입니까?

---

obsess
[əbsés]

어원 ob「가까이에」+ sess「앉다」 ○ (악마가 가까이에 앉다)
동 (악마, 망상이) 붙다, ~에 사로잡히다
obsession 명 강박관념, 사로잡힘

He was **obsessed** by a desire for revenge.
그는 복수하고 싶다는 마음에 사로잡혀 있었다.

---

residue
[rézədjù:]

어원 re「뒤에」+ sid「앉다」 ○ (뒤에 앉아 남아 있다)
명 잔여(물), 나머지, 찌꺼기(of)

Soap can leave a slight **residue** on your skin.
비누는 피부에 약간 남을 수 있다.

172 solv, solut (풀다, 녹다)

솔루션(solution)은 문제해결 능력을 의미한다.

solve
[sɑlv]

어원 ➊ (알쏭달쏭하던 것이 풀리다)
통 풀다, 해결하다
solution 명 해결(법), 해답, 용해

According to Greek legend, it was Oedipus who **solved** the riddle of the Sphinx.
그리스 전설에 의하면 스핑크스 수수께끼를 푼 것은 오이디푸스였다.

resolve
[rizɑ́lv]

어원 re「원래 있던 곳으로」 + solve「녹다」 ➊ (원래 상태로 녹다)
통 분해하다, 해결하다, 결심하다
resolution 명 결의, 결정, 분해
resolute 형 굳게 결심한

Differences of opinion are often the most difficult problem to **resolve**.
견해의 차이는 종종 해결하기 가장 어려운 문제다.

dissolve
[dizɑ́lv]

어원 dis「떨어져서」 + solve「풀다」 ➊ (녹아서 따로따로가 되다)
통 녹다, 풀다, 녹이다, 분해하다

Dissolve the salt in 125 ml of hot water.
125ml의 뜨거운 물에 소금을 녹여보세요.

absolute
[ǽbsəlùːt]

어원 ab「떨어져서」 + solut「풀다」 ➊ (알쏭달쏭하던 상태에서 완전히 떨어져서)
형 완전한, 절대적인
absolutely 부 완전히, 물론

We need **absolute** proof that he took the money.
그가 돈을 받았다는 완전한 증거가 필요하다.

173 sourc, sur(g) (솟아나다)

뉴스 소스(news source)는 기자와 기고자로부터 나온다.

---

source
[sɔːrs]

어원 ○ (솟아나는 것)

명 원천, 수원(水源), 출처

Most Americans rely on television as their chief **source** of information.

미국사람의 대부분은 주요 정보 출처를 텔레비전에 의지한다.

---

resource
[ríːsɔːrs]

어원 re「다시」+ sourc「솟아나다」 ○ (몇 번이나 솟아나는 것)

명 (복수형으로) 자원, 자산, 수단, 재치

Cambodia is very rich in natural **resources**.

캄보디아는 천연자원이 아주 풍부하다.

---

resourceful
[risɔ́ːrsfəl]

어원 re「다시」+ sourc「솟아나다」+ ful「형접」 ○ (몇 번이고 솟아나다)

형 재치가 있는, 자원이 풍부한

He is a **resourceful**, hard-working, genial man.

그는 재치가 많고, 근면하며 배려 있는 남자다.

---

surge
[səːrdʒ]

어원 ○ (솟아나다) ○ (끓어오르다)

통 (감정이) 끓어오르다, 파도처럼 밀려오다

명 큰 파도, 쇄도, 고조

upsurge 통 솟아오르다, 급증하다 명 급증, 급격한 고조

A feeling of rage **surged** up inside him.

노여움의 감정이 그의 내면에서 솟아올랐다.

스태빌라이저(stabilizer)는 확실히 서 있는 상태를 유지하는 수평안전판을 뜻한다.

stable
[stéibl]

어원 st「서다」+able「할 수 있다」 ○ (쓰러지지 않고 서 있을 수 있다)
형 안정된, 단단한 명 마구간
stabilize 통 안정시키다

Fuel prices have become more **stable** after several increases last year.
연료 가격은 작년에 몇 번이나 올라간 뒤로는 안정된 상태다.

stall
[stɔːl]

어원 ○ (서 있는 곳)
명 (마구간, 외양간 등의) 한 칸, 노점

The trouble is, you can't really try the clothes on at a market **stall**.
문제는 시장 노점에서는 실제로 옷을 입어볼 수 없다는 것입니다.

stationery
[stéiʃənəri]

어원 stat「서다」+ery「명접」 ○ (옛날에는 교회 앞에 서서 필기용구를 팔았다)
명 문구, 문구점(~ shop)

She works at a **stationery** shop on this street.
그녀는 이 거리의 문구점에서 일한다.

establish
[istǽbliʃ]

어원 es「ex 완전히」+stabl「서다」+ish「~로 하다」 ○ (완전히 안정된 상태로 하다)
통 설립하다, 확립하다
establishment 명 설립, 제도

The university was **established** in 1922.
그 대학은 1922년에 설립되었다.

175 sta(t) (서다)

예전에 스테이터스 심벌(status symbol, 사회적 지위를 나타내는 소유물)은 3C(카, 쿨러, 컬러텔레비전)였다.

status
[stéitəs]

어원 stat「서다」+ us「명접」 ⊙ (서 있는 상태)
명 (높은) 지위, 상태
status quo 명 현재 상태

Will the West use its influence to maintain the **status** quo and not disrupt the flow of oil?
서방측은 영향력 행사로 석유의 흐름을 방해하지 않고 현재 상태를 유지할 수 있을까?

obstacle
[ábstəkl]

어원 ob「~에 대하여」+ sta「서다」+ cle「작다」 ⊙ (거슬러 서 있는 것)
명 장해(물), 방해(물)

Fear of change is an **obstacle** to progress.
변화를 두려워하면 진보에 방해가 된다.

estate
[istéit]

어원 ⊙ (프랑스어로 stat 앞에 e가 붙은 모양)
명 소유지(땅), 재산, 상태

Jane has her own house on a neat housing **estate** in the south-east.
제인은 남동부의 잘 개발된 곳에 집을 소유하고 있다.

statistics
[stətístiks]

어원 stat「status 상태」+ ics「학문」 ⊙ (어떤 사물의 상태를 조사하는 학문)
명 통계(학), 통계 자료
statistical 명 통계상의

According to **statistics**, eight people die each day waiting for a transplant.
통계에 의하면 매일 8명이 이식을 기다리다 죽는다고 한다.

176 sting, stink, stimu (찌르다)

뾰족한 스틱(stick)으로 찌르다.

stick
[stik]

어원 ○ (찌르다)
- 동 푹 찌르다, (풀로) 붙이다 (stick–stuck–stuck)
- **sticky** 형 끈적끈적한, 무더운, 후덥지근한

Someone had **stuck** posters all over the walls.
누군가 벽 전체에 포스터를 붙였다.

stink
[stíŋk]

어원 ○ (코를 찌르는 듯한 냄새)
- 동 악취를 풍기다, 역겹다 (stink–stank–stunk) 명 악취

His clothes **stank** of cigarette smoke.
그의 옷은 담배 냄새를 풍기고 있었다.

stimulate
[stímjulèit]

어원 stimu「찌르다」+ate「~로 하다」 ○ (사람 마음을 찌르다)
- 동 자극하다
- **stimulus** 명 자극

City leaders hope the amusement park will **stimulate** tourism.
시의 지도자들은 그 유원지가 관광산업을 자극할 것을 희망한다.

extinguish
[ikstíŋgwiʃ]

어원 ex「밖에」+ting「찌르다」+ish「~로 하다」 ○ (찔러서 밖으로 내다)
- 동 끄다, 소멸시키다
- **extinct** 형 꺼진, 사화산의
- **extinction** 명 절멸, 소화, 진화

Passengers are requested to **extinguish** all cigarettes when the red light goes on.
승객들은, 빨간 불이 켜지면 담배 불을 끄라고 요청받는다.

★ sting : 찌르다
★ distinguish : dis「떨어져서」 → 구별하다
★ distinct : dis「떨어져서」 → 다른 ★ instinct : in「위에」 → 본능

177 stit(ute) (서다)

골목길에는 손님을 끄는 매춘부(prostitute)들이 쭉 늘어서 있다.

---

prostitute
[prάstətʃùːt]

어원 pro「앞에」+ stitute「서다」 ◎ (남자 앞에 서서 손님을 끌다)
명 매춘부 통 몸을 팔다

She didn't look like a **prostitute**. She wasn't even wearing any make-up.
그녀는 매춘부로 보이지 않았다. 화장도 하지 않았다.

---

institute
[ínstətʃùː]

어원 in「위에」+ stitute「서다」 ◎ (위에 서 있다)
통 시행하다, 도입하다 명 연구소, 협회

The mayor wants to **institute** reforms by the end of the year.
시장은 연말까지는 개혁을 시작하고 싶어한다.

---

constitute
[kάnstətjuːt]

어원 con「함께」+ stitute「서다」 ◎ (같이 서서 모양을 만든다)
통 구성하다, 설립하다, ~로 간주하다
constitution 명 헌법, 구성, 체격
constitutional 명 헌법의, 구성상의, 체격의

Alaska is the largest of the fifty states that **constitute** the U.S.A.
알라스카는 미합중국을 구성하는 50개 주 중에서 가장 크다.

---

superstition
[sùːpərstíʃən]

어원 super「위에」+ stit「서다」+ ion「명접」 ◎ (~위에 무서워서 계속 서 있다)
명 미신
superstitious 형 미신의

It's an old **superstition** that walking under a ladder is unlucky.
사다리 밑을 걸어가면 불길하다는 것은 낡은 미신이다.

178 stit(ute) (서다)

서브(substitute) 멤버는 밑에서 대기하는 선수를 뜻한다.

substitute
[sʌ́bstətjùːt]

어원 sub「아래에」+ stitute「서다」 ◐ (누구 밑에서 (또는 뒤에서) 서서 기다린다)

통 대리하다, 대신 쓰다 명 대리인, 교대선수

The coach has to find a substitute for Tim.
코치는 팀을 대신할 교대선수를 찾아야 한다.

You can **substitute** margarine for butter in this recipe.
이 요리법에서는 버터 대신에 마가린을 쓸 수 있다.

destined
[déstind]

어원 de「아래에」+ sti「서다」+ ed「형접」 ◐ (하느님 밑에 서 있다)

형 (운명으로) 예정된, 운명지어진
destiny 명 운명
destination 명 목적지

We were **destined** never to meet again.
우리는 다시 만날 운명이 아니었다.

obstinate
[ábstənət]

어원 ob「~에 대해」+ sti「서다」+ ate「형접」 ◐ (사람 말을 거역하다)

형 완고한, 고집 센

He was the most **obstinate** man I've ever met.
그는 내가 지금까지 만난 중에서 가장 고집 센 사람이었다.

destitute
[déstətjùːt]

어원 de「떨어져서」+ stitute「서다」 ◐ (먹고 입는 것과는 거리가 먼 곳에 있다)

형 아주 가난한, 부족한

The floods left many people **destitute**.
홍수로 인해 많은 사람들이 극빈해졌다.

179 strain, stre (뻗다, 늘이다)

straight(스트레이트)는 늘여서 「똑바른」, stress(스트레스)는 신체적, 심리적 「긴장」 상태, stretch(스트레치)는 몸을 쭉 「펴는」 것을 말한다.

strait
[streit]

어원 (잡아 당겨진 좁은 곳)

몡 해협, 《복수》 곤경, 궁핍

The firm is now in dire financial straits.

그 회사는 지금 심한 재정난에 처해 있다.

strain
[strein]

어원 ○ (팽팽히 잡아당기다)

통 세게 당기다, 최대한으로 쓰다, 아프게 하다 몡 긴장, 과로,

James strained his right knee playing football.

제임스는 축구를 하다가 오른쪽 무릎을 다쳤다.

restrain
[ristréin]

어원 re「뒤에」 + strain「늘이다」 ○ (뒤로 잡아당기다)

통 억누르다, 그만두게 하다
restraint 몡 억제, 구속

It took three men to restrain him.

남자 3명이 그를 제지했다.

constrain
[kənstréin]

어원 con「완전히」 + strain「늘이다」 ○ (강제로 늘이다)

통 강제하다, 억제하다
constraint 몡 구속, 강제, 부자연스러움

Poor soil has constrained the level of crop production.

척박한 땅 때문에 작물생산 수준이 적어졌다.

180 strict, string (묶다, 뻗다, 늘이다)

스트링 비키니(string bikini)는 노출도가 심한 끈 달린 비키니를 가리킨다.

string
[strɪŋ]

어원 ➡ (늘인 것, 잡아당긴 것)
명 실, 끈, (악기의) 현 통 실을 꿰다, 묶다, 현을 당기다

I need a piece of **string** to tie this package.
이 꾸러미를 묶으려면 끈이 하나 필요하다.

strict
[strɪkt]

어원 ➡ (꽉 묶다) ➡ (엄격한)
형 엄격한, 정확한, 엄밀한
stringent 형 엄하다, 긴박한

I think you're too **strict** with your children.
당신은 아이들에게 너무 엄한 것 같습니다.

restrict
[ristríkt]

어원 re「뒤로」+ strict「묶다」 ➡ (제한하다, 한정하다)
통 제한하다, 한정하다
restriction 명 제한, 한정

Many cities have **restricted** smoking in public places.
많은 도시에서는 공공장소에서 흡연을 제한한다.

district
[dístrikt]

어원 di「떨어져서」+ strict「늘이다」 ➡ (늘여서 나눈 것)
명 (행정구, 선거구 등의) 지구(地區), 지역

My father works in the financial **district**.
아버지는 금융가에서 일한다.

181 tact, tang, tag (만지다)

콘택트렌즈(contact lens)는 눈에 직접 넣는 렌즈를 말한다.

---

contagious
[kəntéidʒəs]

어원 con「함께」+tag「만지다」+ous「형접」 ☉ (서로 접촉하다)
형 (접촉) 전염성의, 옮기 쉬운
contagion 명 접촉감염, 전염병

Chicken pox is a highly **contagious** disease.
수두는 매우 전염성이 강한 병이다.

---

tangible
[tǽndʒəbl]

어원 tang「만지다」+ible「할 수 있다」
형 만질 수 있는, 명백한, 현실의
intangible 형 만질 수 없는, 무형의

The discussions produced no **tangible** results.
그 토론에서는 명백한 결과가 나오지 않았다.

---

tactics
[tǽktiks]

어원 tact「만지다」+ics「체계」 ☉ (서로 탐색하다)
명 책략, 전술

We may have to use more aggressive **tactics** to get rid of him.
우리는 그를 쫓아내기 위해서 좀 더 공격적인 전술을 써야 할지도 모른다.

---

tactile
[tǽktail]

어원 tact「만지다」+ile「형접」
형 촉감이 있는, 촉각으로 알 수 있는

Her paintings have a very **tactile** quality.
그녀의 그림은 표면 촉감이 매우 좋다.

182 ten, tent, tain (유지하다)

컨테이너(container)는 화물을 넣는 박스나 화물칸을 뜻한다.

retain
[ritéin]

어원 re「원래 있던 곳으로」+tain「유지하다」 ◎ (수중에 가지고 있다)
⑧ 유지하다, 간직하다, 기억해 두다

The town has **retained** much of its country charm.

그 마을은 시골의 매력을 그대로 유지하고 있다.

attain
[ətéin]

어원 at「~쪽으로」+tain「유지하다」 ◎ (~쪽으로 손을 접촉하게 두다)
⑧ 달성하다, 얻다
attainment ⑲ 달성, 학식

He **attained** popularity as a novelist.

그는 소설가로서 인기를 끌었다.

detain
[ditéin]

어원 de「떨어져서」+tain「유지하다」 ◎ (떨어진 곳에 놓아두다)
⑧ 유치하다, 못 가게 붙들다
detention ⑲ 구치, 구류, 저지

The police **detained** two suspects for questioning.

경찰은 두 사람의 용의자를 심문하려고 유치했다.

pertain
[pəːrtéin]

어원 per「완전히」+tain「유지하다」 ◎ (완전히 관계를 유지하다)
⑧ 관계가 있다, 부속하다

Your remark does not **pertain** to the question.

당신의 발언은 그 문제와 관계가 없다.

★ maintain : main「손」 → 지지하다 ★ contain : con「함께」 → 포함하다
★ obtain : ob「가까이에」 → 획득하다 ★ entertain : enter「사이에」 → 즐겁게 하다, 대접하다

217

183 ten, tent, tain (유지하다)

아파트 렌트 회사에서 각 입주 거주자에 대하여 개인이 각 유닛에 대한 보험(tenant insurance)에 들 것을 요구한다.

---

sustain
[səstéin]

어원 sus「sub 아래에」+tain「유지하다」 ○ (아래에서 떠받치다)

통 지탱하다, 지속시키다, (피해나 손실을) 입다

The floor cannot **sustain** the weight of a piano.
그 마루는 피아노의 무게를 지탱할 수 없다.

---

content
[kántent]

어원 con「완전히」+tent「유지하다」 ○ (완전히 들어가 있는 것) ○ (마음이 완전히 만족되다)

명 내용, 알맹이, 목차 ((복수)) 콘텐츠
형 만족하는

She kept the **contents** of the letter a secret.
그녀는 편지 내용을 비밀로 했다.

---

tenure
[ténjər]

어원 ten「유지하다」+ure「상태」

명 보유(기간), 지속, 재임 기간, 종신재직권

If a professor doesn't get **tenure** after ten years, he probably never will.
교수가 10년 후에 종신재직권을 얻지 못한다면, 아마도 그 후에도 결코 얻지 못할 것이다.

---

tenacious
[tənéiʃəs]

어원 ten「유지하다」+ious「형접」 ○ (항상 어떤 상태를 유지하다)

형 고집하는, 끈기 있는
tenacity 명 고집, 끈기

He was the most **tenacious** politician in South Korea.
그는 한국에서 가장 끈기 있는 정치가였다.

184 tor(t), ter, tur(b), tir (돌리다)

토네이도(tornado)는 빙글빙글 도는 소용돌이를 말하며, 터빈(turbine)은 날개가 달린 축을 빙글빙글 돌리는 원동기를 뜻한다.

disturb
[distə́:rb]

어원 dis「떨어져서」+ turb「돌리다」 ➋ (돌려서 분리시키다)

통 혼란시키다, 방해하다, 불안하게 하다
disturbance 명 방해, 불안

Please avoid **disturbing** me during the day unless it's an emergency.
긴급 상황이 아닌 이상, 낮에는 나를 방해하지 마세요.

stir
[stə:r]

어원 ➋ (사람의 마음을 흔들거나 자극하다)

통 휘젓다, 뒤섞다, 선동하다

She **stirred** her coffee with a plastic spoon.
그녀는 플라스틱 스푼으로 커피를 저었다.

torture
[tɔ́:rtʃər]

어원 tort「돌리다」+ ture「상태」 ➋ (돌려서 비튼 상태)

명 고문, 고통, 고뇌 통 고문하다, 몹시 고통을 주다
torturous 형 고문의, 고통스러운

They used **torture** to get him to confess.
그들은 고문으로 그를 자백시켰다.

torment
[tɔ:rmént]

어원 tor「돌리다」+ ment「명접」 ➋ (돌려서 비튼 상태)

통 괴롭히다, 고통을 주다 명 고통, 고뇌

We were **tormented** with mosquitos last night.
우리는 어젯밤 모기 때문에 몹시 고생했다.

머리에 두른 인도사람의 터번(turban)은 아라비안나이트를 연상케 한다.

turmoil
[tə́ːrmɔil]

어원 tur「돌리다」+moil「작용」 ◎ (작용을 혼란시키다)

몡 (마음의) 동요, 혼란, 소동

You're obviously still in **turmoil** from the breakup of your marriage.
당신은 결혼이 깨져서 아직 동요하고 있는 게 분명합니다.

turbulent
[tə́ːrbjulənt]

어원 turb「돌리다」+ent「형접」 ◎ (빙글빙글 돌다)

몡 바람이 휘몰아치는, 폭풍우의, 혼란한
turbulence 몡 폭풍우가 사납게 휘몰아치는 것

He grew up in the South during the **turbulent** years of the 1960s.
그는 1960년대 혼란기에 남부에서 자랐다.

turbid
[tə́ːrbid]

어원 turn「돌리다」+id「형접」 ◎ (빙글빙글 돌다)

몡 혼란한, 탁한

The pond was black and **turbid** with lot of rotting leaves.
그 연못은 많은 썩은 잎으로 검게 탁해져 있었다.

perturb
[pərtə́ːrb]

어원 per「완전히」+turb「돌리다」

통 혼란시키다, 심하게 동요시키다

She seemed a little **perturbed** by these rumors.
그녀는 이런 소문에 좀 혼란스러워 하는 것 같았다.

★ turbine : 터빈(연결형 turbo)

186 tom (자르다)

원자(atom = a「부정」 + tom「자르다」)는 「더 이상 자를 수 없다」에서 유래되었는데 현상에서는 거의 분자로 존재한다.

anatomy
[ənǽtəmi]

어원 ana「완전히」 + tom「자르다」 + y「명접」 ☺ (몸을 완전히 자르는 것)
명 해부(학)
anatomical 형 해부(학)의
anatomize 통 해부하다

He became professor of **anatomy** at Oxford.
그는 옥스퍼드대학의 해부학 교수가 됐다.

tome
[toum]

어원 ☺ (잘린 것)
명 (대저작 또는 전집의) 1권, 두꺼운 책

It's the latest **tome** from Tom Clancy.
그것은 톰 클랜시가 최근에 낸 책입니다.

epitome
[ipítəmi]

어원 epi「위에」 + tom「자르다」 ☺ (중요한 것을 잘라서 위로 내는 것)
명 요약, 전형
epitomize 통 요약하다

Even now in her sixties, she is the **epitome** of French elegance.
나이가 60이긴 하지만 그녀는 우아한 프랑스인의 전형이다.

dichotomy
[daikátəmi]

어원 di「2」 + cho「choose 나누다」 + tom「자르다」 ☺ (둘로 나눈 것)
명 이분, 양분 ((논리학)) 이분법, 이항 대립

Is there really a **dichotomy** of interests between the two?
양자의 이해관계를 이분하는 게 정말 가능할까?

187 trem (떨다)

음악에서 트레몰로(tremolo)는 떨듯이 연주되는 걸 의미한다.

tremor
[trémər]

어원 trem「떨다」+ or「명접」 ◎ (떠는 것)
명 떨림, 전율, 동요

There was a slight **tremor** in her voice.
그녀의 목소리에는 희미한 떨림이 있었다.

tremble
[trémbəl]

어원 trem「떨다」+ ble「반복」 ◎ (계속해서 여러 번 떨다)
동 떨리다, 파르르 떨다, 진동하다, 흔들리다

When he came out of the water, he was **trembling** with cold.
그는 물에서 나왔을 때 추위로 떨고 있었다.

tremendous
[triméndəs]

어원 trem「떨다」+ ous「형접」 ◎ (떨 정도의)
형 무서운, 굉장한, 훌륭한

She has been a **tremendous** help to me over the last few months.
지난 몇 개월 동안 그녀에게 무척 도움을 받았습니다.

tremulous
[trémjuləs]

어원 trem「떨다」+ ous「형접」 ◎ (떨리다)
형 떨다, 부들부들 떨다, 흔들리다

He watched her **tremulous** hand reach for the teacup.
그는 그녀의 떨리는 손이 찻잔으로 가는 것을 봤다.

188 vel, vest (덮개, 입히다)

베일(veil)이나 베스트(vest)로 몸을 감춘다.

---

reveal
[riví:l]

어원 re「뒤로」+ veal「덮개」 ◑ (덮개를 뒤로 당기다) ◑ (덮개를 치우다)
통 명백히 하다, 나타내다
revelation 명 폭로, 적발, 계시

Her biography **revealed** that she was not as rich as everyone thought.
그녀는 모든 사람들의 생각만큼 부자가 아니란 것이 그녀의 전기에서 밝혀졌다.

---

unveil
[ʌnvéil]

어원 un「가 아니다」+ veil「덮개」 ◑ (덮개를 치우다)
통 베일을 치우다, 명백히 하다

A new government policy on forests is due to be **unveil**ed in April.
산림에 관한 정부의 새 정책이 4월에 밝혀질 예정이다.

---

divest
[divést]

어원 di「떨어져서」+ vest「덮개」
통 (~의) 옷을 벗기다, (권리·재산 등을) 박탈하다

He was **divested** of all parental rights by the court.
그는 법원에서 모든 친권을 박탈당했다.

---

invest
[invést]

어원 in「안에」+ vest「덮개」 ◑ (안에 옷을 걸치게 하다)
통 (지위·권력 등을) 주다, 투자하다, 옷을 입히다
investment 명 투자, 수여, 옷을 입히는 것

The institute will **invest** $500,000 in the project.
연구소는 그 계획에 50만 달러를 투자할 것이다.

189 vent, venue (오다)

avenue (대로)는 a「~쪽으로」+ venue「오다」(길 중심에 가까이 가다)의 합성어이며, venue(개최지)는 서커스나 콘서트가 와서 열리는 곳을 지칭한다.

convene
[kənvíːn]

어원 con「함께」+ vene「오다」 ◎ (같이 오다)

통 소집하다, 모이다

The Prime Minister **convened** a meeting of his ministers to discuss the matter.
수상은 그 문제를 상의하기 위해 장관들을 소집했다.

convention
[kənvénʃən]

어원 con「함께」+ vent「오다」+ ion「명접」 ◎ (같이 오는 것) ◎ (집회에서 정해진 것이 관습이나 협정이 되다)

명 집회, 대표자 회의, 관습, 협정
conventional 형 틀에 박힌, 평범한

In many countries, it is a **convention** to wear black at funerals.
많은 나라에서는 장례식에 검정 옷을 입는 게 관습이다.

revenue
[révənjùː]

어원 re「원래 있던 곳으로」+ venue「오다」 ◎ (다시 돌아온 것)

명 수입, 세입, 수입총액

Taxes provide most of the government's **revenue**.
정부의 대부분의 세입은 세금으로 공급된다.

intervene
[ìntərvíːn]

어원 inter「사이에」+ vene「오다」 ◎ (사이에 들어오다)

통 개입하다, 간섭하다, 조정하다
intervention 명 중재, 사이에 끼어듦

The Minister **intervened** personally to stop the museum being closed.
장관은 개인적으로 개입해서 그 박물관의 폐관을 저지했다.

190 vers, vert (향하게 하다, 돌다)

버전업(version up)한 이 책은 상급자용에 해당된다.

invert
[invə́:rt]

어원 in「안에」+ vert「향하게 하다」 ◌ (바깥쪽을 안으로 향하게 하다)

통 거꾸로 하다, 반대로 하다
inversion 명 반대, 도치

The baby **inverted** the cup and spilled her juice.
아기는 컵을 거꾸로 하여 주스를 쏟았다.

divert
[divə́:rt]

어원 di「떨어져서」+ vert「향하게 하다」 ◌ (떨어진 쪽으로 향하게 하다)

통 주의를 딴 곳으로 돌리다.
diversion 명 주의를 딴 곳으로 돌리는 것

A loud noise **diverted** everyone's attention from their work.
큰 소리로 인해 모두의 주의가 일에서 멀어졌다.

convert
[kənvə́:rt]

어원 con「함께」+ vert「돌다」 ◌ (같이 돌다)

통 전환하다, 개종시키다(하다), 바꾸다
conversion 명 전환, 변환, 개종

The owner **converted** the hotel into an apartment building.
소유자는 그 호텔을 아파트로 바꿨다.

avert
[əvə́:rt]

어원 a「떨어져서」+ vert「향하게 하다」 ◌ (시선을 떨어진 곳으로 향하게 하다)

통 돌리다, 피하다
aversion 명 반감, 피하고 싶은 마음

Using an "automatic train stop" could have **averted** the disaster.
'자동 열차 제어 장치'를 사용했으면 참사를 면할 수가 있었을 텐데.

225

이번에 대결하는 KIA vs SK의 시합은 정말이지 흥미진진하다.

---

versus
[vɔ́:rsəs]

어원 ○ (향하게 하다)
[전] (소송, 경기 등에서) ~대(對), (비교나 양자택일에서) ~에 대하여

Tomorrow's game is Giants versus Tigers.
내일 시합은 자이언츠 대 타이거즈입니다.

---

extrovert
[ékstrəvə̀:rt]

어원 extr「밖에」+ vert「향하게 하다」 ○ (성격이 밖으로 향해서)
[명] 사교적인 사람 [형] 사교적인

Most sales people are extroverts.
대부분의 세일즈맨은 외향적이다.

---

pervert
[pə:rvə́:rt]

어원 per「완전히」+ vert「향하게 하다」 ○ (올바른 길에서 나쁜 길로 빠지다)
[동] 나쁜 길로 빠지다, 타락시키다
perversion [명] 일탈, 악용, 오용

They said that he was perverted by sex, money, and power.
그는 여자, 돈, 권력으로 타락했다고 한다.

---

vertical
[vɔ́:rtikəl]

어원 vert「향하게 하다」+ cal「형접」 ○ (수평면에 대해 직각으로 향하게 하다)
[형] 수직의, 세로의, 정점의
horizontal [명] 수평의

The cliff was almost vertical.
그 절벽은 거의 수직이었다.

192 vers, vert, vorc (향하게 하다, 돌다)

애드벌룬(advertising balloon)은 사람의 주목을 끄는 것, 선전용 풍선을 의미한다.

advertise
[ǽdvərtàiz]

어원 ad「~쪽으로」+vert「향하게 하다」+ise「~로 하다」 ◐ (주의를 ~쪽으로 향하게 하다)

통 광고하다, 선전하다
advertisement 명 광고, 선전

Our company **advertises** on television and in newspapers.
우리 회사는 텔레비전과 신문에 광고를 낸다.

versatile
[və́:rsətàil]

어원 vers「향하게 하다」+ile「형접」 ◐ (이쪽저쪽 향하게 하다)
형 다재다능한, 용도가 넓은

She is a **versatile** musician who can play many instruments.
그녀는 많은 악기를 연주할 수 있는 다재다능한 뮤지션입니다.

averse
[əvə́:rs]

어원 a「떨어져서」+vers「향하게 하다」 ◐ (반대 방향으로 향하다)
형 반대하는, 싫어하는

Select chores that the child is not **averse** to doing.
아이가 싫어하지 않을 잡일을 선택하세요.

divorce
[divɔ́:rs]

어원 di「떨어져서」+vorc「향하게 하다」 ◐ (부부가 서로 등을 맞대다)
통 이혼하다 명 이혼

They got **divorced** after only six months of marriage.
그는 결혼한 지 불과 6개월 만에 이혼했다.

193 vict, vinc, van (격파하다)

Victoria(빅토리아)가 로마신화에서 승리한 여신이었다는 것에서, victory는 「승리」, victor는 「승리자」를 뜻한다.

evict
[ivíkt]

어원 e「ex 밖에」+ vict「격파하다」 ◎ (상대에게 이겨서 밖으로 나가다)
통 퇴거시키다, 도로 찾다
eviction 명 쫓아냄, 되찾기

He was **evicted** from the pub for drunken and violent behavior.
그는 취해서 거친 행동을 한 탓에 술집에서 쫓겨났다.

convince
[kənvíns]

어원 con「완전히」+ vinc「격파하다」 ◎ (상대를 완전히 이기다) ◎ (상대를 납득시키다)
통 이해시키다, 설득하다
conviction 명 확신, 유죄판결
vincible 형 정복할 수 있는

He managed to **convince** the jury of his innocence.
그는 자신의 무죄를 간신히 배심원에게 이해시킬 수 있었다.

convict
[kənvíkt]

어원 con「완전히」+ vict「격파하다」 ◎ (잘못을 확신시킴에 있어서 완전히 이기다)
통 유죄를 선고하다 명 죄인

He has been **convicted** of arson twice.
그는 두 번 방화로 유죄 선고를 받았다.

vanquish
[vǽŋkwiʃ] 통

어원 vanq「격파하다」+ ish「~로 하다」 ◎ (정복하다, 싸워 이기다)
통 정복하다, 이기다

Napoleon was **vanquished** at the battle of Waterloo in 1815.
나폴레옹은 1815년 워털루 전투에서 졌다.

194 voc, vok (부르다, 목소리)

vocation는 신의 목소리 = 천직을 의미하기도 한다.

avocation
[ævəkéiʃən]

어원 a「~가 아닌」 + voc「부르다」 + ate「~로 하다」 + ion「명접」 ⓞ (신이 부르는 것이 아닌) ⓞ (천직, 직업이 아닌) ⓞ (부업이나 취미로)
명 부업, 취미

Her **avocation** is reading about history.
그녀의 취미는 역사에 관한 책을 읽는 것이다.

invoke
[invóuk]

어원 in「안에」 + vok「부르다」 ⓞ (자기 쪽으로 불러들이다)
동 탄원하다, 불러일으키다

Their sacred dance is performed to **invoke** ancient gods.
그들의 신성한 춤은 고대의 신들을 불러내기 위한 것이다.

evoke
[ivóuk]

어원 e「ex 밖에」 + vok「부르다」 ⓞ (불러내다)
동 (기억을) 불러일으키다, (감정을) 일으키다

That smell always **evokes** memories of my old school.
그 냄새를 맡으면 언제나 옛날 학교의 기억이 되살아난다.

provoke
[prəvóuk]

어원 pro「앞에」 + vok「부르다」 ⓞ (감정을 앞에 드러내다)
동 (감정을) 불러일으키다, 화나게 하다, 몰아붙이다
provocation 명 도발, 분개

He **provoked** her by telling that she was too fat.
그는 너무 뚱뚱하다는 말로 그녀를 화나게 했다.

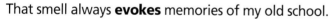

★ vocal : 시끄러운 ★ vocation : 천직 ★ advocate : ad 「~쪽으로」 → 지지하다 ★ vocabulary : 어휘

195 vo(u)r (먹다)

굶주림보다 지나친 식탐으로 인해 그는 음식을 탐하듯(voracious) 먹는다.

devour
[diváuər]

어원 de「완전히」+vour「먹다」
동 게걸스레 먹다, 탐하듯 책을 읽다

He's always **devouring** his lunch.
그는 항상 점심을 걸신들린 듯 먹는다.

voracious
[vɔːréiʃəs]

어원 vor「먹다」+ious「형접」 ◐ (항상 먹고 있다)
형 대식하는, 식욕이 왕성한, 탐욕적인
voracity 명 폭식, 왕성한 식욕, 탐욕

We were surprised at his **voracious** appetite.
우리는 그의 왕성한 식욕에 깜짝 놀랐다.

herbivore
[héːrbəvɔ̀ːr]

어원 herb「풀」+vor「먹다」 ◐ (풀을 먹는 것)
명 초식동물
herbivorous 형 초식성의
carnivorous 형 육식성의

If the ground is covered with snow, how does this affect the **herbivores**?
대지가 눈에 덮였다면, 이는 초식동물에게 어떤 영향을 미칠까?

omnivorous
[ɑmnívərəs]

어원 omni「모든」+vor「먹다」+ous「형접」 ◐ (가리지 않고 모두 먹는)
형 무엇이든 먹는, 잡식의
omnivore 명 잡식동물

Bears are **omnivorous**.
곰은 잡식성이다.

196 vot, vow (말로 하다, 맹세하다)

캐스팅 보트(casting vote)는 찬반 수가 같을 때, 의장이 던지는 결정권을 뜻하는데 오늘날에는 결정적인 역할을 맡은 투표자를 지칭한다.

vote
[vout]

어원 ○ (소리를 내서 맹세하는 것)

동 투표하다 명 투표(권), 선거권

She was too young to **vote** in the national election.

그녀는 국정선거에서 투표할 수 있는 연령에 달하지 않았다.

devote
[divóut]

어원 de「완전히」+ vote「맹세하다」

동 바치다, 전념시키다

devotion 명 헌신, 깊은 애정

She has **devoted** all her life to the care of homeless people.

그녀는 전 생애를 노숙자 돌보는 데 바쳤다.

devout
[diváut]

어원 de「완전히」+ vout「맹세하다」 ○ (마음으로 맹세하다)

형 독실한, 믿음이 깊은

She is a **devout** Catholic.

그녀는 독실한 가톨릭신자다.

vowel
[váuəl]

어원 ○ (소리를 내는 글자)

명 모음

A short **vowel** is a short sound as in the word "cup."

단모음은 단어 'cup'과 같은 짧은 음이다.

바우쳐(voucher)는 진짜라는 걸 보증하는 일종의 트레이드마크인 셈이다.

---

voucher
[váutʃər]

어원 ⊙ (말로 맹세하는 사람, 물건)
명 보증인, 쿠폰

First prize is a $1,000 travel **voucher**.
1등 상품은 1,000달러의 여행쿠폰이다.

---

vow
[vau]

어원 ⊙ (말로 맹세하는 것)
동 맹세하다 명 맹세, 서약

The guerillas **vowed** that they would overthrow the government.
게릴라는 정부를 전복시킬 것을 맹세했다.

---

avow
[əváu]

어원 a「~쪽으로」+ vow「맹세하다」 ⊙ (~를 향해 맹세하다)
동 솔직하게 인정하다, 공언하다

Others **avowed** that he intentionally distorted the trial.
그가 고의로 재판을 왜곡했다고 공언하는 사람도 있었다.

---

vouch
[vautʃ]

어원 ⊙ (말로 맹세하다)
동 보증하다, 단언하다

I'll **vouch** for the quality of the report.
나는 그 보고서의 품질을 보증합니다.

198 war, guar(d), gard (지켜보다)

스튜어디스(stewardess)의 본래 의미는 「돼지우리(sty)를 지켜보는(ward) 여자(ess)」를 의미했는데 승객을 돌보는 여승무원을 뜻한다.

regard
[rigáːrd]

어원 re「뒤에서」+ gard「지켜보다」
⑧ 간주하다, 생각하다 ⑲ 주목, 배려
regardless ⑱ ~에 관계없이(of)
regarding ⑳ ~에 관해

He **regards** himself as a patriot.
그는 자기가 애국자라고 생각한다.

award
[əwɔ́ːrd]

어원 a「~쪽으로」+ ward「지켜보다」 ◑ (지켜보고 ~에게 주다)
⑧ 수여하다, (배상금을) 재정(裁定)하다

The plaintiff was **awarded** damages of $1,000,000.
원고는 100만 달러의 손해배상금을 받았다.

reward
[riwɔ́ːrd]

어원 re「뒤에」+ ward「지켜보다」 ◑ (지켜보고 ~로 돌리다)
⑲ 보수, 사례금 ⑧ 보답하다

The parents of the missing boy are offering a **reward** of $100,000.
행방불명된 어린이의 부모는 10만 달러의 사례금을 내걸었다.

warrant
[wɔ́rənt]

어원 ◑ (지켜보는 것)
⑲ 보증, 권한, 근거, 증명서 ⑧ 보증하다

You have no **warrant** for doing such a thing.
당신은 그런 일을 할 권한이 없다.

199 war, guar(d) (지켜보다)

망을 보는 사람은 가드 맨(guard)이라고 하며, 연예인의 개런티(guarantee)는 연기를 보고 정하는 일종의 대가인 셈이다.

guarantee
[gæ̀rəntíː]

어원 ○ (지켜보는 것)
명 보증, 보증계약, 보증서 **통** 보증하다

Is this TV still under **guarantee**?
이 텔레비전은 아직 보증기간입니까?

aware
[əwéər]

어원 a「~쪽으로」+ war「지켜보다」○ (조심해서)
형 알고 있는, 깨닫고

The children are **aware** of the danger of taking drugs.
그 아이들은 약물 복용에 대한 위험성을 알고 있다.

beware
[biwéər]

어원 ○ (Be ware. → 조심해라.)
통 조심하다, 경계하다

Beware of falling rocks.
낙석 주의.

warn
[wɔːrn]

어원 ○ (조심하다)
통 경고하다, 조심하게 하다, 주의하다
warning **명** 경계

The weatherman **warned** that heavy rains are likely to hit the region.
기상예보관은 호우가 그 지역을 덮칠 것이라고 경고했다.

200 wit, wis (알다)

재치가 있는 사람은 위트(wit)가 풍부한 사람이며, 여유를 누릴 줄 아는 사람이다.

wizard
[wízərd]

어원 wiz「알다」+ ard「사람」 ☉ (알고 있는 사람)
- 몡 (남자) 마법사, 명인
- **wizardry** 몡 마법, 마술
- **witch** 몡 마녀

That player was regarded as the **wizard** of dribble.
그 선수는 드리블의 명인으로 간주됐다.

wisdom
[wízdəm]

어원 wis「보이다」+ dom「상태」 ☉ (사물을 알고 있는 상태)
- 몡 지혜, 현명함, 분별
- **wise** 휑 현명한, 사려분별이 깊은

Paul learned to value his father's **wisdom** and advice.
폴은 아버지의 지혜와 충고를 평가할 수 있게 됐다.

witness
[wítnis]

어원 wis「알다」+ ness「몡접」 ☉ (알고 있는 것)
- 몡 증인, 목격자 통 목격하다, 증언하다

The **witness** was asked to identify the defendant in the courtroom.
증인은 법정에서 피고의 신원 확인을 해야 한다.

bewitch
[biwítʃ]

어원 be「완전히」+ witch「마녀」 ☉ (완전히 마녀의 포로가 되다)
- 통 마법을 걸다, 매혹하다

He's utterly **bewitched** by her.
그는 완전히 그녀의 포로가 되었다.

귀가 솔깃해지는 영단어 6

1 시골을 떠나 즐기는 어번 라이프(urban life)는 「도시 생활」

- □ urban 「도시의」
- □ urbane 「도회적인, 세련된」
- □ urbanite 「도시인」
- □ suburb 「교외」 (도시 밑, 도시와 비슷한)
- □ suburbanite 「교외거주자」

2 포토그래프(photograph)는 빛을 기록한 「사진」

- □ photocopy 「사진 복사(하다)」
- □ photochemical 「광화학의, 광화학물질」
- □ photogenic 「사진이 잘 받는」 (빛을 내는)

3 소피의 세계는 철학의 세계

- □ philosophy 「철학, 인생관」 (지혜를 사랑하는 것)
- □ sophist 「학자, 궤변가」
- □ sophisticated 「세련된, 교양 있는」 (지혜를 얻은)
- □ sophomore 「(고등학교 · 4년제 대학의) 2학년생」 (아는 척을 해서 지혜가 둔해진)

4 텔레폰(telephone)은 멀리 있는 소리를 듣는 기계

- □ phonetic 「음성의」
- □ phonograph 「표음문자」 (소리를 쓴 것)
- □ phonograph 「축음기」 (소리를 기록한 것)
- □ phonology 「음운론」 (소리의 학문)

5 스폰서(sponsor)는 보증을 약속한 사람

- □ response 「응답, 반응」 (~에 대해 약속하다)
- □ respond 「응답하다, 반응하다」 「응답, 반응」
- □ responsible 「책임이 있다」 (약속할 수 있다)
- □ correspond 「편지를 주고받다, 일치하다」 (서로 약속하다)

6 초음속의 제트기는 하이퍼소닉(hypersonic)

□ hypertension 「고혈압」

□ hypercritical 「집요하게 흠집을 찾아내다」

□ hypersensitive 「과민증의」

□ hyperbolic 「과장된」 (저쪽에 던져진)

7 헤모글로빈(hemoglobin)은 혈액의 색소

□ hemophilia 「혈우병」 (혈액을 사랑하는)

□ hemorrhage 「출혈」

□ hemorrhoids 「치질」

□ hemostasis 「지혈」

8 그리스의 아테네에 우뚝 솟아 있는 아크로폴리스, 고소공포증은 아크로포비아

□ phobia 「공포증, 병적인 혐오」

□ agoraphobia 「광장공포증」 (사람이 모이는 장소를 싫어한다)

□ acrophobia 「고소공포증」

□ claustrophobia 「밀실공포증」

□ xenophobia 「외국인공포증」

1. 숫자를 나타내는 접두사

♠ mono- / mon- (1)

monorail (모노레일)   monopoly (독점)

monotonous (단조로운)

♠ uni- / un- (1)

unite (통합하다)   unit (단원, 단일체)

union (통합)   unique (유일의)

unanimous (일치한)

♠ semi- / hemi- (2, 반절)

semifinal (준결승)   semicircle (반원)

semimonthly (한 달에 두 번)   semiprofessional (세미프로)

hemisphere (반구)

♠ bi- / bis- / bin- / di- (2)

bicycle (이륜차)   combine (통합시키다)

binocular (쌍안경)   biscuit (비스킷)

bilingual (두나라 말을 하는 (사람))   dilemma (딜레마)

dioxide (이산화물)   diphthong (이중모음)

♠ du- / duo- (2)

dual (2개의)   duplicate (중복의)

duet (듀엣)   double (2배)

♠ tri- (3)

triangle (3각형)   trio (트리오)

triple (3배의)   trinity (삼위일체)

trilingual (3개 국어를 말하는)   tripod (삼각대)

♠ quart- / quadr- (4)

quarter (4분의1)   quadruple (4배의)

quadruped (다리 4개의)

♠ penta- (5)

pentagon (5각형)   pentathlon (5종 경기)

♠ hexa- (6)

hexagon (6각형)   hexapod (다리 6개의)

♠ hepta (7)

heptagon (7각형)   heptarchy (7두(頭) 정치)

September (9월) 원래는 7번째라는 뜻

♠ oct- (8)

octopus (문어)   octave (옥타브)

October (10월) 원래는 8번째라는 뜻

♠ nona- (9)

nonagon (9각형)   November (11월) 원래는 9번째라는 뜻

♠ deca- / deci- / dim- (10)

decade (10년간)   decimal (10진법)

dime (10센트)

♠ cent- / centi- (100)

century (100년)   centipede (지네)

percentage (백분율)   centennial (백년 마다의)

♠ milli- (1000)

mile (마일) 1000걸음으로 가는 거리 (좌우를 한 걸음으로 본다)

millennium (천년간, 천년제)   millipede ([동물이름] 노래기)

♠ multi- (다수)

multiple (다수의)   multiply (배가하다)
multitude (다수)   multinational (타국적의)

♠ omni- (전부)

omnibus (승합자동차, 버스)   omnipotent (전능한)

2. 강조의 의미를 가진 접두사

♠ com- (완전히)

complete (완전한)   comfort (안락)
command (명령하다)   comment (코멘트)

♠ de- (완전히)

dedicate (바치다)   define (정의하다)
demonstrate (논증하다)   devote (바치다)

♠ dia- (통해서, 완전히)

dialog(ue) (회화)   dialect (방언)
diagram (열차 도표)

♠ ultra- (넘어서)

ultraviolet (자외선)   ultrasonic (초음속의)
ultramodern (초현대적인)   ultimate (최후의)

♠ re- (1) (다시)

rebuild (재건하다)   renew (갱신하다)
record (기록하다)   reform (개혁하다)

♠ re- (2) (완전히)

regard (간주하다) religion (종교)
rely (의지하다)

3. 장소, 시간을 나타내는 접두사

♠ co- / con- / com- / col- / cor- (함께, 같이)

coworker (동료) coauthor (공동 저자)
content (내용, 만족한) consist (구성하다)
company (회사, 동료) compare (비교하다)
collect (모으다) collaborate (협력하다)
correct (올바른) correspond (일치하다)

♠ syn- / sym- (같은, 유사한)

synchronize (동시에 일어나다) synonym (동의어)
sympathy (동정) symmetric (균형이 잡힌)

♠ di- (떨어져서)

divorce (이혼) differ (다르다)

♠ inter- (사이에)

international (국제적인) interval (간격, 인터벌)

♠ ambi- / ambu- (양쪽의)

ambiguous (애매한) ambivalent (양면 가치의)

♠ circum- (주위에)

circumstance (환경) circumference (주위)

♠ peri- (주위에)

periodic (주기적인) periscope (잠망경)

4. 부정적인 의미를 가진 접두사

♠ a- (∼가 아닌, 떨어져서)
atom (원자) 더 이상 자를 수 없다는 의미에서
apathy (무기력)

♠ de- (떨어져서)
defrost (해동하다)   demerit (결점)

♠ dis- (∼부정)
disable (무력하게 하다)   dislike (싫어하다)

♠ in- (∼부정)
incorrect (부정확한)   inconvenient (불편한)

♠ im- (부정)으로 시작되는 말은 il로, r로 시작되는 말은 ir로 변화한다
impossible (불가능한)   imperfect (불완전한)
illegal (비합법인)   illiterate (무학의)
irregular (불규칙한)   irresponsible (무책임한)

♠ un- (부정)
unable (할 수 없다)   uncertain (불확실한)

♠ un- (∼가 아니다, 원래 상태로 돌리다)
unlock (자물쇠를 열다)   uncover (뚜껑을 벗다)

♠ non- (부정)
nonsense (무의미한 물건)   nonverbal (말을 필요로 하지 않은)

♠ re- (∼에 반대하다)
refuse (거부하다)   reject (거부하다)

5. 방향을 나타내는 접두사

♠ a- (~쪽으로)

abroad (외국에)   aboard (배에 타고)

♠ ad- (~쪽으로) c / f / g / l / n / p / r / s / t 앞에서는 d 대신에 각 글자를 겹친다.

adjust (조정하다)   adapt (적응시키다)

accustom (익숙하게 하다)   affirm (긍정하다)

aggressive (적극적인)   allure (꼬시다)

announce (발표하다)   approach (다가가다)

arrive (도착하다)   assist (돕다)

attach (만지다)

♠ ex- (밖에)

export (수출하다)   expose (드러내다)

♠ e- (밖에)

elect (뽑다)   eliminate (제외하다)

♠ sub- (아래에) c / f / g / m / p 앞에서는 b 대신에 각 글자를 겹치고, s 앞에서는 b가 없
                어진다.

subway (지하철, 지하도)   submarine (잠수함)

succeed (상속하나, 성공하다)   suffer (고생하다)

suggest (암시하다)   summon (소집하다)

supply (공급하다)   suspect (의심하다)

♠ de- (아래에)

depend (의지하다)   depress (낙담시키다)

♠ em- (~안에)

embark (배에 태우다)   embarrass (당황하다)

♠ en- (~안에, ~로 하다)

enrich (풍요롭게 하다)   enlarge (확대하다)

♠ ob- (~를 향해, 마주하다) c / f / p 앞에서는 b 대신에 각 글자가 겹쳐지고, m 앞에서는 b
가 없어진다.

obstacle (장해, 방해)   objection (반대)

occur (생기다)   offer (제안하다)

omit (생략하다)   oppose (반대하다)

♠ contra- / contro- / counter- (반대로)

contrary (반대의)   contradict (반론하다)

controversy (반론)   counteract (중화하다)

♠ pro- (앞에)

professor (교수)   propose (제안하다)

♠ pre- (앞에)

preschool (취학 전의)   present (출석의)

♠ re- (뒤에)

reflect (반사하다)   refuge (피난)

Index

색인

이 책의 찾아보기(Index, 색인)는 알파벳순으로 배열하였으며, 각 단어를 찾는 방법은 페이지에 의존하지 않고 어원 꾸러미 단위로 나눈 번호를 중시하였으므로 색인을 활용할 때 착오가 없길 바란다. 이 책에서 다룬 표제어 및 파생어, 어근의 해설을 위해 등장한 단어를 수록했다. 단어 뒤의 숫자는 어근에 매겨진 1~200까지의 번호를 나타낸다.